Revoltas Animais

Revoltas Animais

pombos, porcos e outros miseráveis na filosofia

Fahim Amir

Coleção CLE
VOL 96

IGRA KNIGA
ИГРА КНИГА

Centro de Lógica, Epistemologia e História da Ciência - Unicamp

2025

Título Original: *Schwein und Zeit: Tiere, Politik, Revolte.*
Tradução da edição em inglês: Being and Swine The End of Nature (As We Knew It). Between the Lines, Toronto, 2020.

TRADUÇÃO Ricardo Peraça Cavassane
PREPARAÇÃO Isis Proença
REVISÃO TÉCNICA Allan de Campos
ILUSTRAÇÃO E CAPA Revista Comando
PROJETO GRÁFICO E DIAGRAMAÇÃO Marina Manganotte
APRESENTAÇÃO Nádia Farage
TEXTO DA ORELHA Luiz Marques

UNIVERSIDADE ESTADUAL DE CAMPINAS
Centro de Lógica, Epistemologia e História da Ciência - CLE
Diretor: Fábio Maia Bertato
Editora Coleção CLE: Itala M. Loffredo D'Ottaviano

[2025]

Centro de Lógica, Epistemologia e História da Ciência (CLE)
Cidade Universitária "Zeferino Vaz" - 13083-970 Campinas, SP
www.cle.unicamp.br
clepub@unicamp.br

Igrá Kniga
São Paulo - SP
www.igrakniga.com
igrakniga@gmail.com

Revoltas Animais

pombos, porcos e outros miseráveis na filosofia

Fahim Amir

Tradução

Ricardo Peraça Cavassane

Editora Convidada

Nádia Farage

Coleção CLE

VOL 96

Para meu pai, Dr. B. Amir,
poeta e acadêmico

SUMÁRIO

MULTITUDES SUÍNAS 69

O NASCIMENTO DA FÁBRICA 95

ECOLOGIAS SUBTERRÂNEAS 127

ESPADAS EM FORMA DE NUVEM 157

APRESENTAÇÃO

É preciso saudar, à partida, a iniciativa oportuna do CLE, em coedição com a editora Igrá Kniga, de trazer ao público brasileiro este livro do filósofo Fahim Amir, cujo original, em língua alemã, foi agraciado com o prêmio Goethe em 2019 e, desde então, traduzido em diversas línguas.

Trata-se de obra que soma a uma literatura rebelde que, vinda dos campos do direito, da filosofia, da historiografia e da crítica literária, se insurge e desestabiliza anos de *animal studies* comportados, que não ousam desafiar a prerrogativa humana, que relativizam atrocidades cometidas contra animais, a pretexto de práticas culturais. O horizonte intelectual, em que pese novo vocabulário – este que, se passando por teoria, acumula neologismos e trocadilhos de gosto duvidoso –, acompanha, quando não fornece instrumental conceitual para o velamento político dos animais. Com efeito, a destruição de animais – espécies e indivíduos – e, o que é pior, sua morte em vida na produção industrial só escalam, na razão inversa de uma linguagem que se quer libertadora, mas impotente para descrevê-las.

Este livro, muito embora percorra os debates teóricos da virada deste século, é diferente. Com uma linguagem coloquial, permeada de humor, Amir se debruça sobre fontes secundárias, em larga medida historiográficas e, embora se ocupe de outros tempos e espaços, sua ênfase recai na modernidade euro-americana, pela razão de que sua discussão se concentra na animalidade em contextos industriais, escolha que logo se esclarece.

Sua originalidade repousa, assim, no rearranjo de um mosaico, iluminando, sob luz mais intensa, padrões reiterativos em práticas e concepções acerca dos demais animais e, sobretudo, desvelando novas conexões sociológicas.

Nos termos do autor: o livro trata de contemplar o animal como sujeito político. Interpela o cerne daquilo que G. Agambem, com tanto acerto, chamou de "o mistério prático-político da separação", instaurado no pensamento ocidental desde que Platão rompeu a proporcionalidade tripartite do *zoon*, o ser animado, para declarar o humano um animal político singular, único. O alvo desse livro é, portanto, a presença ambígua, conflituosa do animal na *polis*.

Dialogando, notadamente, com a teoria marxista e pós-estruturalista, Amir busca extrair novas possibilidades teóricas da resistência animal. Resistência não é, exatamente, uma novidade para aqueles que estão no *front* da defesa animal. Ativistas contra a experimentação animal de todos os quadrantes, em meio ao debate sobre consentimento informado pós Nuremberg e Helsinki, já apontavam que os animais encarcerados em laboratórios resistem, com todas as suas forças, sem que, entretanto, a recusa a consentir fosse considerada para a definição da controversa, senão impossível, ética experimental. No caso dos animais, sequer é aventada a impossibilidade de consentir, esta que impede, com toda a justiça, que experimentos biomédicos atinjam aqueles que não estão em condições de consentir, como os doentes terminais ou comatosos. Tal se aplica, ainda, aos animais confinados nos zoos, nas reservas de caça enlatada, nos criatórios ou no corredor da morte dos abatedouros: os animais resistem, refugam, recusam-se à morte infligida e extemporânea, de forma que em nada difere do protesto de outros condenados à morte. Não é fortuito que os protótipos da cadeira elétrica tenham sido testados em cães. A pergunta é: quem os escuta? A resposta histórica, nas sociedades industriais, foi a de tornar invisível a resistência, afastando do espaço urbano a violência praticada nos criatórios e abatedouros, processo que correspondeu, ainda, à violência epistêmica da supressão do animal do debate da *polis*. Este livro propõe extrair implicações prático-políticas da recusa, contemplando a produção industrial, mas sem fazer as concessões usuais ao criatório de pequena escala e a outras práticas tradicionais.

A resistência dos animais, bem como a necessidade de a eles nos aliarmos, não é, ainda, estranha à filosofia política que descende de E.La Boétie, para quem, lembremos, a luta encarniçada do animal por sua liberdade, sua insubmissão ao jugo, é prova maior de que toda servidão é voluntária: os seres sencientes lutam por sua liberdade, preferem morrer a viver em cativeiro e, se isto ocorre, vivem apenas para lamentar a liberdade perdida. Nesta linhagem – de E.La Boétie e M.de Montaigne a J.J.Rousseau – C.Lévi-Strauss pode enunciar, ainda nos anos cinquenta do século passado, que a liberdade se inscreve no corpo e, por esse motivo, ela é um direito inalienável de cada espécie e igualmente distribuído entre todas as espécies. Este entendimento, no longo século XIX, terá inspirado românticos, liberais, humanitários, socialistas fabianos e anarquistas, entre outros, a quem devemos os parcos direitos reconhecidos aos animais, inscritos, em maior ou menor grau, nas legislações da maior parte do globo. Os sentimentais, de quem Marx desdenha no Manifesto Comunista. Rotular liberais e reformistas como antirrevolucionários é um truísmo de esquerda, como também o é o debate acerca da eficácia da luta parlamentar, que, historicamente, opõe marxistas. A incapacidade da teoria marxiana e marxista de contemplar os outros animais, a não ser como meio de produção e/ou produto, é o ponto de uma reflexão corajosa e bastante produtiva desse livro.

Para tanto, o autor se volta a conexões esquecidas ou insuspeitadas da presença do animal no universo urbano e fabril, como sujeito explorado ao lado de trabalhadores, até o limite máximo da exploração, que é a devoração de seus corpos – limite que o animal, e só ele, é empurrado a franquear: este é o caso exemplar dos porcos nos Estados Unidos entre os séculos XIX e XX, que Amir percorre com tanta acuidade, mostrando a resistência dos animais no espaço da cidade, que contou com a proteção dos bairros pobres, onde eram os únicos a manter a limpeza pública. Tomando por fonte primária uma obra de época sobre a mecanização na indústria, Amir aponta, em páginas magistrais, as dificuldades do processamento industrial do cadáver, que não se adequava ao maquinário existente – até mortos, os porcos resistiam à sua destruição.

Outros animais lutam e resistem no espaço urbano: pombos, mosquitos, ratos, cupins. A simetria que propõem não é com o trabalhador fabril. Ao contrário. Marginalizados, qualificados como pestes, estes animais são equacionados aos trabalhadores informais, aos desempregados, às pessoas em situação de rua, a todos os que o longo século XIX tornou subalternos ou indesejáveis. Em suma, a multitude que foi o alvo da biopolítica de Estado moderna, cujas medidas de disciplinarização, expulsão ou extermínio Amir detalha a cada tópico, mostrando como se esclarecem mutuamente, em ângulos surpreendentes, inusitados. Em contrapartida, o autor, sem se contentar com a desgastada, malversada noção de agência, assesta o foco analítico à dimensão da revolta, da luta e da aliança entre aqueles que, como há muito afirmou La Boétie, se reconhecem companheiros, mostrando o peso de sua resistência em limitar a expansão colonial – como é o caso bem conhecido da tsé-tsé na África ou nas latitudes infestadas pelos mosquitos do gênero *Anofeles*, vetores da malária –, e em desenhar e redesenhar espaços urbanos.

O leitor fica convidado a assombrar-se, diante da simetria e da comensurabilidade com a experiência social e histórica dos subalternos, oferecidas pela persecução biopolítica e pela revolta dos animais. E, certamente, vai engolir em seco, diante de uma reflexão que circunscreve o humano tão somente como espaço de poder e, correlatamente, a categoria "animal" como resultado lábil e incidental de um contínuo processo político de animalização.

Enfim, o leitor recebe um livro provocativo, ambicioso, irreverente, por vezes equivocado e até irritante – um verdadeiro espírito de porco! Por isso, não deixará de reconhecer nele duas virtudes cardinais que M.Foucault reivindicou para uma vida não-fascista: a alegria militante – mesmo quando o que se combate é abominável – e a coragem da verdade.

Nádia Farage
agosto de 2025

PREFÁCIO DO AUTOR À EDIÇÃO BRASILEIRA

Notícias do Brasil e de países vizinhos levam-me, muitas vezes, a refletir sobre o que significa habitar o mundo, nesse exato momento, na medida em que estes países não velam suas contradições. Considere o caso dos bois que escaparam de um matadouro e foram capturados com a ajuda da polícia militar, como se fossem manifestantes políticos descontrolados. Em outra ocasião, como em um filme de Hitchcock, bandos de papagaios verdes se abateram sobre uma cidade costeira da Argentina – dez aves para cada habitante. O ar ficou cheio de seus gritos; seus dejetos cobriram as praças; quase nenhuma fiação elétrica escapou de seus bicos. Recentemente, o Brasil inaugurou a maior "fábrica de mosquitos" do mundo, em que milhões de mosquitos da espécie *Aedes aegypti* são infectados com uma bactéria chamada *Wolbachia* para que não possam mais transmitir nenhum vírus. Uma biofábrica de insetos – o próprio termo evoca a ficção científica, mas pode, também, ser entendido como apenas outra situação em que humanos, com alegre imprudência, apostam em mais uma tecnologia, atingindo os tecidos mais profundos da vida não-humana, para reparar danos que, frequentemente, nós mesmos causamos ou agravamos. Há pouco, em São Paulo, um jovem afro-descendente foi morto a tiros por um segurança de supermercado, quando entrava com seu cão no estabelecimento.

À primeira vista, tais episódios parecem curiosas notas de rodapé. No entanto, levam-nos a perguntar: como convivemos com os animais que nos rodeiam, nas cidades, nas fazendas e nas matas? Que fios entretecem nossos destinos ao das vacas, dos pássaros e dos insetos? Como as estórias da vida cotidiana se articulam à história mais ampla das nações, das classes e das espécies? De que forma o racismo e o especismo estão entrelaçados? Que estórias ainda não foram contadas?

Ao escrever este livro, momentos "utópicos" da história brasileira foram os meus companheiros, como a resistência dos moradores do Rio de Janeiro contra o extermínio de cães e de outros animais em espaços urbanos no começo do século passado, conforme nos conta N. Farage (2013). A memória de tal solidariedade entre espécies, a autora aponta, entrou para o samba "Cachorro Vira-Lata", composto por Alberto Ribeiro em 1937 e interpretado por Carmen Miranda, que inclui os versos: "*Eu gosto muito de cachorro vagabundo / Que anda sozinho no mundo / Sem coleira e sem patrão.*"

No mesmo ano em que Carmen Miranda cantou o elogio aos vira-latas do Rio de Janeiro como camaradas de uma existência compartilhada, o advogado Heráclito Sobral Pinto, também no Rio, assumiu a heterodoxa defesa legal de Harry Berger, membro do Partido Comunista Alemão, que havia sido submetido à tortura, à fome e ao isolamento. Como prisioneiro político da época, Berger não teve acesso a qualquer direito civil, e seu advogado tentou uma estratégia de defesa que, ainda hoje, parece ousada. Ele defendeu Berger na condição de animal. Um decreto federal havia, recentemente, definido os animais como tutelados do Estado e, portanto, sob proteção do Estado nacional brasileiro. Se Berger não podia reivindicar proteção enquanto pessoa humana (porque era politicamente subversivo), podia, entretanto, fazê-lo na medida em que era, também, um animal. Sobral Pinto alegou que as mesmas regras que se aplicavam a fazendas e matadouros, nos quais o governo havia mitigado a crueldade excessiva, deviam se aplicar, igualmente, às prisões.

Tanto a defesa dos animais pelos solidários moradores do Rio de Janeiro, quanto a defesa animalizadora de Berger por Sobral Pinto logo deixariam de fazer sentido no vocabulário político de uma era que se esqueceu da crítica social com ênfase nos aspectos de classe que humanos e não-humanos compartilhavam. Nas últimas décadas, entretanto, descobertas científicas erodiram várias das fronteiras entre espécies. Os movimentos ecológico, feminista, *queer* e o de direitos animais contribuíram para uma nova atmosfera que pode nos permitir tomar o fio de onde foi cortado. Esse livro espera poder contribuir com o debate.

A edição brasileira deve sua existência à dedicação de minha colega Nádia Farage. Eu agradeço a ela, sinceramente, por esta iniciativa, que demonstra como podem ser vibrantes as trocas entre todas as fronteiras. Minha gratidão se estende também ao tradutor, Ricardo Peraça Cavassane e à revisora, Isis Proença, que deram às ideias e imagens deste livro uma voz em português. Esta coedição do Centro de Lógica, Epistemologia e História da Ciência (CLE) da Universidade Estadual de Campinas e da editora Igrá Kniga (São Paulo) é uma grande honra para mim e prova do potencial de construção de pontes entre públicos e línguas.

Em certo sentido, com esta edição, tudo retorna ao ponto de partida, pois foi no Brasil que apresentei a perspectiva central deste livro a uma audiência acadêmica, pela primeira vez: em agosto de 2016, tive a honra de proferir a palestra intitulada "*Animais Resistentes*" no CLE. Nove anos depois, este livro está diante do leitor brasileiro. Eu o escrevi como uma contribuição para a ampliação de nossas perspectivas a respeito do que viver, pensar e lutar ao lado dos animais pode significar filosofica, politica e imaginativamente. Sejam "cachorros de protestos"– tal como o chileno Negro Matapacos, venerado como um "santo da dissidência e da revolução"–, ou orcas que, nos últimos anos, chamaram a atenção por seus ataques a embarcações, os animais, a meu ver, entraram para o imaginário popular como protagonistas da história, não apenas de estórias. Como nos lembra Preciado, uma revolução é, sobretudo, um colapso dos modos de representação, um choque no universo semiótico, uma reordenação de corpos e vozes. Eu espero que o leitor possa encontrar nestas páginas inspiração, solidariedade e contradição produtiva – tal como eu encontrei em minhas conversas com meus colegas e amigos brasileiros.

Fahim Amir
Viena, agosto de 2025

PREFÁCIO DO AUTOR À EDIÇÃO INGLESA

Na edição original deste livro em alemão, *Schwein und Zeit*, publicada em 2018, observei que, por causa do medo da "gripe suína", algoritmos de avaliação de risco impunham regras sobre a vida ocupacional e social de trabalhadores da indústria suinícola. Hoje, desde o aparecimento do novo coronavírus, pessoas do mundo todo tiveram que se ajustar a protocolos de biossegurança.

A febre da COVID-19 foi precedida, no entanto, pela febre das reformas neoliberais e dos acordos de livre-comércio dos anos 90. O radicalismo de mercado, associado a tais reformas, restringiu a ação de governos, o que, em muitos países, significou a precarização dos serviços de saúde, bem como uma redução geral de regulamentação governamental em setores sensíveis, como a fiscalização da qualidade de alimentos, da pecuária e da indústria de processamento de carnes. Impulsionada pelo lucro, a destruição de diversos modelos de leis trabalhistas e de proteção ambiental tornou-se cada vez mais fácil. Assim, por exemplo, o Tratado Norte-Americano de Livre-Comércio (NAFTA) de 1994 abriu o caminho para a implantação de fazendas industriais de criação de porcos no México por investidores estadunidenses. Pouco tempo depois, em 2009, a "gripe suína" teve origem ali.

Na China pós-maoísta, por sua vez, a avicultura foi um dos primeiros setores econômicos abertos à economia de mercado. No entanto, durante os anos 90, as grandes corporações tiraram mais e mais pequenos produtores do mercado. Como consequência, muitos produtores passaram a se dedicar à produção de cruzamentos inusitados ou à criação de espécies nativas. Entre elas, os gansos selvagens, que tiveram seu papel no surto de "gripe aviária", em 2005. Algo semelhante ocorreu entre as populações rurais mais pobres, para as quais restou o consumo de animais silvestres como ratos do bambu, pangolins ou civetas – estes últimos, considerados hospedeiros originais do surto de Síndrome Respiratória Aguda Grave (SARS) de 2002-2003.

Em muitas partes da África, a carne de animais selvagens é chamada de "carne de caça". Associada ao surgimento do HIV e Ebola, a carne de caça está, mais uma vez, em alta. Devido a estradas originalmente construídas para mineração e extração de madeira, caçadores avançam floresta adentro. O aumento da caça, de seu consumo e comercialização pode, em parte, ser atribuído diretamente ao colapso da pesca artesanal. Este, por sua vez, foi causado pela expansão da sobrepesca industrial na China, na Coreia do Sul e na União Europeia, seguida pelo colapso das populações de peixes, ao longo das costas africanas. Ademais, em termos econômicos, a distinção entre carne de caça e carne convencional faz cada vez menos sentido, diante da crescente formalização do setor de carne de caça em todo o mundo, ao mesmo tempo em que é capitalizado de forma análoga à produção industrial.

Todos esses processos e contextos nos escapam quando, em reportagens da mídia acerca de um vírus dito "chinês", a atenção se volta às preferências culinárias supostamente extravagantes daquele país, bem como às suas exóticas feiras livres, onde se vendem animais vivos. Ao menos essas feiras são públicas, enquanto o que se passa nos matadouros ocidentais, via de regra, permanece oculto ao público. No Ocidente, mercados locais e pequenas propriedades rurais são, em geral, evocados para ilustrar ideias contemporâneas de uma vida bela e aprazível. O olhar moralista sobre o outro rapidamente transforma tais ideias em um vocabulário visual distópico de imaginações pandêmicas. Apontar tais conexões entre sociedade, história, economia, cultura cotidiana e política, sem as quais nem a natureza, nem o papel dos animais podem ser concebidos, é um dos propósitos deste livro.

Vivemos em um mundo pós-Chernobyl e pós-Fukushima. Não há retorno. Ainda assim, nós não fomos deixados à deriva sozinhos, como restos da festa de ontem. Se olharmos ao nosso redor, reconheceremos os contornos de outras ecologias: aves canoras britânicas, cheias de hormônios sintéticos, e ninhos de pássaros mexicanos, cheios de nicotina, minam a ideia de uma natureza "intocada". Pombos urbanos, os "estrangeiros" do mundo animal urbano, adotam a cidade, enquanto conservacionistas se exasperam diante das senhoras de idade, que não se deixam impedir de alimentá-los.

Certa vez, o dramaturgo alemão Bertolt Brecht gritou para a sua audiência: "Não encarem isto tão romanticamente!". Devemos, igualmente, deixar nossas ideias sobre a natureza sofrerem mutação. A crítica da destruição ambiental baseia-se em idealizações conservadoras acerca da "natureza virgem", ou se transforma em preocupação ecocapitalista quanto à gestão de recursos sustentáveis. *Revoltas animais*, no entanto, não é sobre auto-engrandecimento moral ou sobre visões, baseadas no mercado, de reforma social, por meio do consumo consciente. É um livro sobre impulsos utópicos e revoltas animais, em que animais e humanos são entendidos como membros da mesma espécie política.

Isso pode levar à solidariedade sem ingenuidade, em vez de ficarmos presos a armadilhas paternalistas de éticas indulgentes e do discurso da responsabilidade.

Tal mudança de perspectiva sobre os animais, entendidos enquanto agentes políticos, torna possível compreender, de forma diferente, seu significado material e metafórico. Por exemplo, os animais não mais figuram só a partir de categorias classistas, sexistas ou racistas; ao contrário, provam ser, eles próprios, espaços discursivos mais-que-humanos nos quais lutas se articulam. Esse é outro objetivo deste livro, pois animais não apenas compartilham dos nossos espaços (urbanos), como também habitam nossos sonhos (políticos).

Em debate após leitura pública de *Revoltas animais*, a diretora de uma grande instalação residencial para refugiados relatou que, nos últimos anos, nem sempre tem sido fácil explicar valores locais para aqueles que tinham fugido do Líbano, do Afeganistão e de outros países. Havia, apenas, um único ponto acerca do qual ela nunca mais queria ouvir falar: a persistente e incorrigível falta de compreensão dos refugiados sobre porque pombos não deveriam ser alimentados.

Não apenas a maioria das pessoas, hoje, vive em cidades, mas também nas cidades se concentra a grande maioria das atividades econômicas e predomina o consumo. O futuro do planeta será, portanto, decidido nas cidades. No entanto, nem a natureza, nem a cidade são as mesmas para todos. Para alguns seres, humanos e não humanos, a permanência no espaço público é dificultada. Assim, essas conexões não podem afastar a seguinte questão: a quem pertence a cidade? *Revoltas animais* também é sobre isso. Outro de seus objetivos é contribuir para uma ampliação do horizonte de nossa imaginação política e ecológica.

Isso não pode ser feito sem humor. Quanto mais politicamente carregado é um problema, tal como a "crise ecológica" de nossos dias, mais importante é enfrentá-lo com tranquilidade. Se você agarrar seu objeto de interesse com muita força, corre o risco de destruí-lo ou, o que é pior, ficar incapaz de se distanciar dele. Por fim, um pequeno conselho de leitura. Os capítulos se apoiam uns aos outros, mas isso não quer dizer que precisem ser lidos sequencialmente. Cada capítulo se sustenta, por si só, e pode ser escolhido como ponto de acesso ao livro, de acordo com os interesses de leitura.

Meus imensos agradecimentos a Arya Amir, Elke Auer, Alexandra Elbakyan, Alvaro Rodrigo Piña Otey, Katharina Picandet, Christoph Schachenhofer, Josefine Thom, Kerstin Weich e Andros Zins-Browne. Sem eles, este livro não existiria.

Fahim Amir
Viena, setembro de 2020

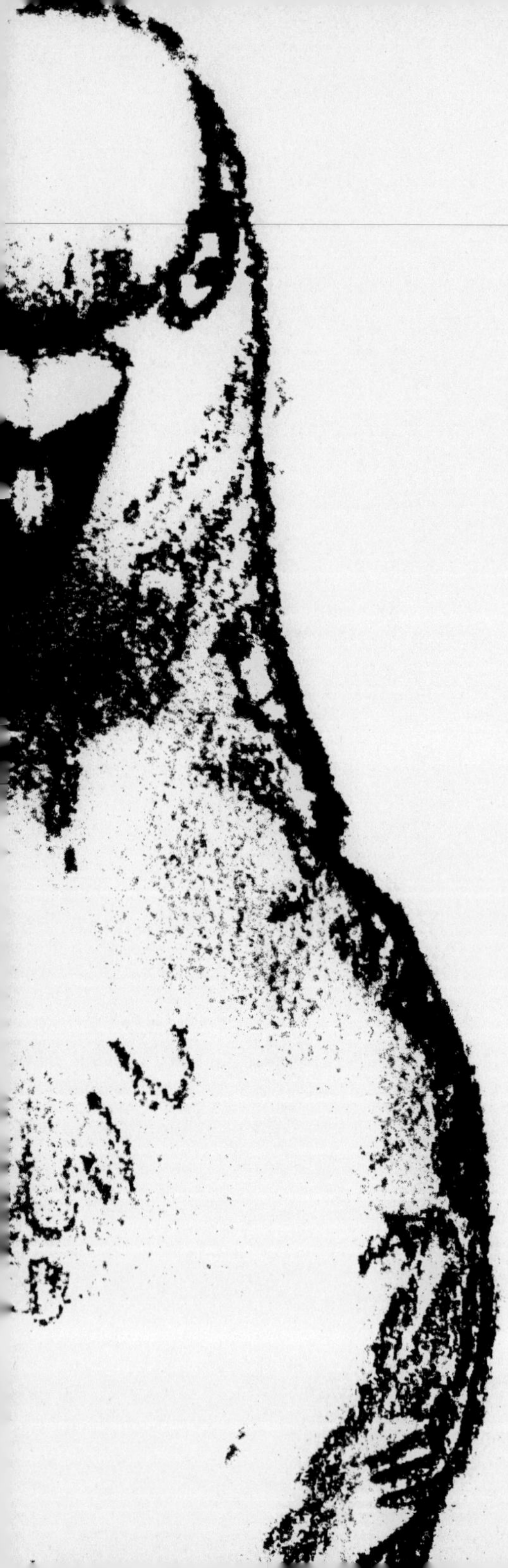

INTRODUÇÃO

Apenas um louco diria que animais são políticos. Eu sou esse louco. Talvez, após a leitura deste livro, a ideia de animais políticos não soe mais tão insana. No entanto, ainda que soe, isso pode não ser, de todo, mau. A propósito, a diva teuto-americana Marlene Dietrich nos assegurou: *se você não está enlouquecendo, você não é normal.*

Isso já nos leva a uma das certezas acerca da qual este livro levanta dúvidas: a posse completa de faculdades mentais (e físicas) humanas é um requisito absoluto do ser político e, se esse for o caso, quem fica de fora?

Tais questões remontam às origens da palavra "político", que deriva do grego antigo *polis*: esse era o termo para o centro religioso e administrativo da cidade-estado, bem como para o coletivo de cidadãos que ali se reuniam. O lugar do político era definido como um espaço ao qual não tinham acesso outros animais, plantas, escravizados e mulheres. Ali, apenas homens gregos livres eram admitidos. Todos os outros eram relegados às margens da *polis*, onde deveriam trabalhar ou ser comidos.

Por contraste, este livro insiste que resistir à dominação é um ato genuinamente político, em si. Esse espaço de política resistente é caracterizado por um *continuum* de formas de resistência, não por uma situação tudo-ou-nada em que, de um lado, tudo que é humano é político e, de outro, tudo o que não é humano é inteiramente desprovido do político.

Entre *o predicado resistente* dos ossos animais em face do processamento industrial e o *ato de resistência* pleno de uma organização de mentalidade revolucionária, que sobreviveu a provas de fogo em diversos conflitos históricos, existe um *continuum* de formas interconectadas de atos de resistência e predicados de resistência. Um conceito fundamental, aqui, é que animais são parte deste *continuum*. Isso não significa colocá-los em pé de igualdade com humanos, mas requer buscar tais "conexões parciais".[1]

É óbvio que o animal em revolta não se adequa a ideias convencionais quanto à participação em processos civis de auto-legislação. Animais não redigem petições ou promovem iniciativas cidadãs; animais não votam, nem se candidatam. O pensador francês Michel Foucault entendia a crítica como a recusa em ser governado, de qualquer forma que fosse. Quem negaria aos animais a crítica prática das condições reinantes? Nem para humanos, nem para animais a crítica precisa ser conceitual, consciente ou elaborada em termos civis; do contrário estaríamos vivendo em um mundo sem tendências e estilos contraculturais, sem o inconsciente e sem os sonhos.

Em vez de dar instruções moralistas de operação a partir do tribunal da ética, a mais burguesa das áreas da filosofia, nossa abordagem é concebida como uma contribuição à formação da solidariedade política. A questão ética "Podem eles sofrer?" dá lugar aqui à seguinte questão *política*: onde e como os animais erguem resistência, e onde e quando o fizeram? E, subsequentemente, onde humanos e animais foram camaradas de armas? Tais

1 Cf. Marilyn Strathern, Partial Connections (Lanham, MD: AltaMira Press, 2004).

questões podem produzir uma solidariedade não ingênua que pressupõe empatia, antes que piedade, esta que, usualmente, se reveste de classismo e de chauvinismo.

Já as primeiras leis de proteção animal estavam impregnadas de relações de classe. Isso pode ser visto, por exemplo, em uma das primeiras leis de bem-estar animal do mundo ocidental: a lei britânica para a proteção de cavalos de tração contra o uso indiscriminado de força por parte de cocheiros. Não por coincidência, a lei se referia ao cavalo, tido como animal "nobre" e de prestígio, necessitado de proteção contra a violência plebeia, enquanto os legisladores da Casa dos Lordes não viam problema em perseguir raposas até a morte nas caçadas das classes altas. Outra das primeiras leis de proteção animal, também promulgada no Reino Unido, impôs limites severos às rinhas de cães. Mutilar orelhas e rabos para alcançar a aparência típica de uma variedade canina não era considerado problemático, mas, certamente, o eram as aglomerações turbulentas das classes baixas em espaços sem vigilância.

Um olhar sobre o presente mostra o poder ainda intacto do classismo, no que diz respeito ao animal. O *reality show Die Haustier-Nanny* (A babá de pets) é um caso contemporâneo de tal pedagogia de classe, que visa o mundo animal, de modo a domesticar, também, seres humanos. Uma especialista no criatório de animais domésticos visita famílias e seus *pets*, para "ajudá-los". Cada episódio mostra, repetidamente, que a gente de classe baixa não apenas se veste sem gosto e vive sem estilo, mas também maltrata seus animais.

Assim, a política animal – como toda forma de política no capitalismo – é, igualmente, uma política de classe. Uma vez que o capitalismo é um neocapitalismo que revoluciona seus alicerces e seus meios, incessantemente, a teoria avança de forma lenta, procurando alcançar as mudanças sociais do mundo real. Ao mesmo tempo, continuamos a viver no capitalismo, não no pós-capitalismo, razão pela qual estar alerta para novos desenvolvimentos e ideias é tão importante quanto não perder de vista as continuidades estruturais. Além disso, precisamos nos engajar com discursos acadêmicos inovadores, sem deixar que o marxismo se perca pelo caminho.

Análises marxistas têm sido marginalizadas no mundo acadêmico. Contracorrente, o pensamento crítico tende a endurecer sua posição, para fortalecer a defesa do que já foi conquistado, por medo de perder até mesmo isso – uma vez que a realidade social atual oferece pouca esperança na mudança dos ventos.

Paradoxalmente, nesta situação seria imperativo avançar, apresentar ideias apropriadas e fortes acerca do funcionamento do tempo presente e reunir as forças mais comprometidas na sociedade em torno das análises corajosas. E, hoje, algumas das forças verdadeiramente comprometidas são aquelas preocupadas com os animais. O objetivo deste livro é refletir sobre esse desenvolvimento positivo com base na teoria e na história social inspiradas pelo mais significativo pensador de relações de classe. Trata-se de uma contribuição à filosofia crítica – que Marx, conforme expressou em carta a Arnold Ruge, em 1843, entendia como o 'autoentendimento (filosofia crítica) da época sobre suas lutas e desejos'.[2]

2 Karl Marx, "Cartas dos Anais Franco-Alemães (de Marx a Ruge)", em *Sobre a questão judaica* (São Paulo: Boitempo Editorial, 2010), 73.

Em se tratando de animais, a esquerda vira à direita

O modo como a Alemanha Oriental lidou com a questão animal – mostrou a pesquisadora Anett Laue em seu livro *Das sozialistiche Tier* (*O Animal Socialista*)[3] –, poderia ser um exemplo da abordagem que, anteriormente, predominou na tradição marxista. Evidentemente, a apropriação total da natureza como objetivo da política socialista incluía animais, parte da natureza. O desenvolvimento, em escala industrial, do frango para assar, ou galeto, foi celebrado. Grupos de bem-estar animal foram dissolvidos por constituir expressão indesejada do individualismo burguês dos "pais de cachorrinhos" e "mulheres dos gatos". Isso não era apenas "apropriação de objeto" – modo pelo qual o tratamento adequado de animais era referido no jargão socialista estatal –, mas Marx também poderia ser evocado. Em *O Manifesto Comunista*, Marx encorajou repudiar os "protetores dos animais" que, a seu ver, faziam parte do "socialismo conservador ou burguês" na medida em que aspiravam "remediar os males sociais para a existência da sociedade burguesa".[4]

A Alemanha Oriental promulgou sua primeira lei de bem-estar animal em outubro de 1989, último mês de sua existência. Era a lei mais dura de bem-estar animal da história da Alemanha, indo muito além da regulamentação da Alemanha Ocidental. No entanto, era tarde demais: na Alemanha reunificada, a lei de bem-estar animal da Alemanha Ocidental, muito mais

3 Anett Laue, *Das sozialistische Tier: Auswirkungen der SED-Politik auf gesellschaftliche Mensch-Tier-Verhältnisse in der DDR (1949–1989)* (Köln: Böhlau Verlag, 2017).

4 Karl Marx e Friedrich Engels, *Manifesto Comunista* (São Paulo: Boitempo Editorial, 1998), 64.

branda, prevaleceu. A proteção da natureza, por sua vez, saiu-se melhor depois da queda do muro que dividia a Alemanha Ocidental capitalista do "socialismo real" da Alemanha Oriental. A última resolução da última sessão do governo da Alemanha Oriental proclamou que 4,5% das terras estatais seria destinado à conservação da natureza. Tais áreas permanecem protegidas.

A mudança tardia de atitude na Alemanha Oriental foi provocada pelo fortalecimento do movimento ambientalista. Antes disso, vigorava o Ato de Proteção Animal do *Reich* Nacional-Socialista de 1933, com apenas duas emendas: uma eliminou a proibição, motivada pelo antisemitismo, do *Shechita* (o abate Kosher) e a outra reduziu a pena por crueldade contra animais de um máximo de dois anos para um máximo de seis meses.[5] Em 1962, Bruno Kiesler, diretor da divisão de agricultura do Comitê Central do Partido Comunista da Alemanha Oriental, já havia esbravejado que "não podemos estar a ponto de alcançar o comunismo com uma lei de bem-estar animal de 1933",[6] o primeiro ano do regime nazista.

Comunismo e fascismo unidos acerca da questão animal? Ainda que a pergunta pareça provocativa para alguns, fato é que pouco progresso tem se verificado no campo marxista, desde então. Em se tratando de animais, a esquerda vira à direita. Isso quer dizer que, em realidade, não há posição progressista que seja qualitativamente distinta do discurso burguês-liberal hegemônico. A contemporaneidade, no entanto, o exige: se Marx ridicularizou "sociedades sentimentais para a prevenção da crueldade animal"[7] em uma resenha de livro,

5 Laue, *Das sozialistische Tier*, a294ss.

6 Laue, *Das sozialistische Tier*, 311.

7 Karl Marx e Friedrich Engels, "G. Fr. Daumer, 'Die Religion des neuen Weltalters. Versuch einer combinatorisch-aphoristischen

o presidente estadunidense George W. Bush não estava brincando quando, em 27 de novembro de 2006, assinou o *Animal Enterprise Terrorism Act* (Ato sobre Terrorismo contra a Indústria Animal). Esta lei controversa classifica como terrorismo qualquer ação que vise danificar ou interferir com as operações da indústria animal. O título de um livro que examina as consequências dessa lei para ativistas de política animal fala por si: "*Green Is the New Red*" (Verde É o Novo Vermelho).[8]

Animais – mais um problema que Marx não resolveu

Os animais aparecem, frequentemente, nos escritos de Marx, via de regra para ilustrar o trabalho humano, ou para especificar sua qualidade distinta, diante de "formas de trabalho instintivas e animalescas":

> Pressupomos o trabalho numa forma em que ele diz respeito unicamente ao homem. Uma aranha executa operações semelhantes às do tecelão, e uma abelha envergonha muitos arquitetos com a estrutura de sua colmeia. Porém, o que desde o início distingue o pior arquiteto da melhor abelha é o fato de que o primeiro tem a colmeia em sua mente antes de construí-la com a cera.[9]

Quando Marx imagina a consciência como o cérebro de um arquiteto, isso ultrapassa a práxis material dos arquitetos e nos apresenta uma regressão *idealista* sob

---

Grundlegung', 2 Bde., Hamburg 1850" [Reviews from the *Neue Rheinische Zeitung*, "Politisch-Ökonomische Revue" No. 2, fevereiro de 1850], *MECW*, vol. 7, 241–46, 242.

8 Will Potter, *Green Is the New Red: An Insider's Account of a Social Movement under Siege* (San Francisco: City Lights Books, 2011).

9 Karl Marx, *O Capital: Crítica da Economia Política* [Livro I: O processo de produção do capital] (São Paulo: Boitempo Editorial, 2011), 327.

seu próprio *insight* materialista. Obras de arquitetura não surgem na mente e daí caem no chão. A atividade real dos arquitetos é parte de uma topologia maior de diversas formas de agência, da qual lápis e fontes de energia são parte, tanto quanto códigos de construção impraticáveis, construtores imprevisíveis, e todo tipo de surpresa que ocorre em um canteiro de obras – como mosquitos e malária.[10] O engenheiro/arquiteto racional que supera a abelha desprovida de inteligência, na narrativa de Marx, não é exemplo ao acaso: a regulamentação de hidrovias e a construção de projetos arquitetônicos de grande escala eram considerados triunfos paradigmáticos de controle e aproveitamento da natureza na modernidade.[11]

Isso implica duas possíveis linhas de investigação para o enfrentamento marxista da questão da natureza. Em primeiro lugar, os achados atuais acerca das habilidades e qualidades de animais não deveriam ser levados em conta pelos debates no campo marxista? Marx preparava-se, meticulosamente, para cada artigo que publicava, lia toda fonte a seu alcance. Nesse sentido, as novas descobertas da ecologia e da etologia, da filosofia e da economia poderiam expandir as premissas fundamentais de Marx, sem reformulá-las, estruturalmente. Nessa linha de investigação, marxista é o método, não o resultado. Assim pensa o marxista estadunidense David Harvey acerca do comportamento animal intencional e orientado a metas – aquela mesma intencionalidade que Marx destacou no trabalho humano. De acordo com Harvey, não somos os únicos organismos a transformar

---

10 Cf. Timothy Mitchell, *Rule of Experts: Egypt, Techno-Politics, and Modernity* (University of California Press, Berkeley, 2002), 45.

11 Maria Kaika, "Dams as Symbols of Modernization: The Urbanization of Nature between Geographical Imagination and Materiality", *Annals of the Association of American Geographers* 96,2 (2006), 276–301.

a natureza circundante, de modo a transformar a nós mesmos: "esse processo não é exclusivo dos seres humanos – ele existe entre as formigas, entre os castores, entre todos os tipos de organismos".[12]

A segunda linha de investigação parte do argumento de que uma reconstrução de categorias marxistas fundamentais é indispensável, como proposto, por exemplo, pela bióloga e teórica da ciência Donna Haraway.[13]

Minha perspectiva é um otimismo da razão que tenta se manter leal à primeira opção, bem como – em solidariedade crítica – ao projeto marxiano, especialmente, entre outras coisas, por integrar conexões sócio-históricas e trazer elementos não marxianos a uma conversa com os clássicos marxistas. Em meu entendimento, os animais e a animalidade são parte de uma continuidade do *trabalho vivo* que, na tradição marxista, é oposto ao *trabalho morto*, outro nome para o capital. Em certa medida, o primeiro pode ser domesticado, mas ele também pode se tornar feral, preocupação recorrente neste livro.

A perspectiva aqui desenvolvida não é tanto um marxismo que objetiva a fundamentação de um estado, mas a reanimação de um marxismo indomado e imprevisível. Nesse marxismo zumbi, os animais exercem papel especial, pois nos forçam a repensar aspectos consagrados da teoria, da política e das práticas culturais cotidianas.

---

12 David Harvey, *Para entender O Capital - Livro I* (São Paulo: Boitempo Editorial, 2013), 114.

13 Donna Haraway, *Quando as espécies se encontram* (São Paulo: Ubu Editora, 2022).

Férias na Tailândia e uma nova "moda" entre cadáveres

Eu ainda não tinha completado vinte anos de idade, no final dos anos 1990, quando participei de um retiro budista na Tailândia, enquanto meus companheiros de viagem saltavam de uma ilha para a outra. A estadia de nosso grupo na Tailândia havia começado com visita de três dias a algumas ilhas, com as quais eu já estava familiarizado, e isso não me atraía mais. Na balsa que nos trouxe de volta ao continente, depois de nossa primeira parada, um funcionário do Departamento de Turismo do país estava, por acaso, viajando conosco. Eu aproveitei a oportunidade para perguntar ao simpático senhor de camisa branca o que sugeriria ver na Tailândia, caso pudesse me dar apenas uma recomendação. Ele não precisou pensar muito para sugerir que eu visitasse um centro de meditação budista. Disse-me que aquele centro era voltado para tailandeses, mas que, nos primeiros dez dias de cada mês, todas as cerimônias eram feitas em inglês, para que estrangeiros também pudessem conhecer o budismo. Àquela altura, eu tinha duas perguntas: primeira, teria comida vegana lá? E, segunda, quão devotos eram os monges e as monjas? Eu não queria mais proselitismo, depois de suportar dez anos de aulas de religião islâmica, protestante e católica na escola. De qualquer maneira, tal preocupação era infundada. No centro de meditação – que eu acabei visitando, pouco tempo depois –, o budismo era transmitido mais como filosofia estoica ou psicanálise progressista.

Uma vez lá, minha pergunta sobre a comida foi respondida de maneira maravilhosa. Nunca mais provei comida tailandesa tão deliciosa quanto a de lá. Nos dez dias que passei ali, com exceção de duas refeições vegetarianas, a comida foi totalmente vegana. E isso não é dizer pouco, porque, no começo das minhas férias, em incontáveis bares e restaurantes, em barracas de rua e botequins, tentei explicar, repetidas vezes, que eu não queria consumir qualquer alimento feito de ou extraído de animais; devido a barreiras linguísticas, tudo resultou em... mímica. Considere, só por um momento, como você explicaria ovos, leite e a prática de se abster deles com gestos e expressões faciais, e imagine a expressão divertida dos tailandeses que presenciaram tais esforços.

Esse problema foi resolvido rapidamente, mais uma vez com a ajuda do Departamento de Turismo da Tailândia. Uma funcionária de lá me recomendou que alegasse ser membro de uma seita chinesa, que também existia na Tailândia, conhecida por seu modo de vida vegano. Depois de todas aquelas performances que eu não pretendia, semi-públicas e, admito, cômicas, essa opção foi – apesar de sua incompatibilidade com minha visão de mundo – mais aceitável do que brincar de ator amador em outros continentes.

Dali em diante, quando eu encontrava pessoas na Tailândia que falassem pouco ou nenhum inglês, eu fingia ser um membro daquela seita (que, a propósito, além de produtos animais, tinham cortado da sua dieta sete outros alimentos, como cebola e alho – era um pacote completo).

Logo depois, entendi que as pessoas aceitariam, prontamente, as exigências alimentares mais inusitadas, se o motivo alegado fosse de ordem religiosa, em vez de ideológica. Para resumir, conheci muita gente e, em todo lugar, fui recebido com muito respeito e amabilidade, como uma pessoa que aparentava ter vindo do Ocidente e que se mantinha leal aos preceitos culinários de sua seita chinesa, mesmo em férias.

Antes daquela viagem, eu havia erroneamente acreditado que uma dieta vegana não seria um problema na Tailândia. Desfiz meu engano, na chegada. Por exemplo, para minha perplexidade, soube que, ultimamente, adiciona-se um por cento de leite de vaca até mesmo à tradicional manteiga de coco, usada em muitos pratos, de modo a "refiná-la". Apesar de não alterar as qualidades culinárias ou sabor, isso dava à manteiga de coco uma vantagem nas vendas. Era quase como se essa pequena conexão com o leite de vaca tivesse permitido à manteiga de coco comum aliar-se a círculos nutricionais mais altos ou, ao menos, apontar um parente aristocrático distante em sua árvore genealógica.

Por segurança, antes de o retiro começar, eu perguntei no mosteiro que administrava o centro de meditação sobre a manteiga de coco. Lá, eles me garantiram que produziam sua própria manteiga de coco, sem quaisquer aditivos. Uma vez que os monges estariam sob um voto de silêncio, assim que o retiro começasse, eu ficaria proibido de fazer mais perguntas. "Retiro" significava ficar uma semana sem distrações, tais como falar, telefonar ou ler. O objetivo era uma introdução a técnicas de meditação e à doutrina do budismo praticado ali. À noite, nos banhávamos em fontes de águas quentes sulfurosas, separados por gênero, para nos regenerar; e, de manhã, nos encantávamos com a visão romântica dos bandos de morcegos que se agitavam sobre nossas cabeças, voltando de suas incursões (ou do que quer que estivessem fazendo durante a noite). No geral, uma experiência maravilhosa, mesmo que os mosquitos fossem um aborrecimento. Em especial, durante a noite, eles gostavam de pousar nos meditantes. Podia-se evitá-los, usando repelente. Eu me abstive de usar porque, provavelmente, o repelente tinha sido testado em animais; eu havia esquecido de procurar por alternativas não testadas em animais, antes de viajar. Tudo se agravava porque a meditação requer paz e silêncio, e não ficar balançando os braços, tentando espantar sua nuvem pessoal de mosquitos.

Nem mesmo a minha tentativa de me cobrir com os poucos cobertores que eu consegui encontrar, pelo menos enquanto eu meditasse, teve sucesso. Como eu deveria ter imaginado, a camada extra de tecidos apenas aumentou minha temperatura corporal, um chamariz mais sedutor para os pequenos vampiros, que vinham atacar a parte desprotegida do meu corpo — no caso, o meu rosto. Na época, se essas condições não eram particularmente prazerosas, também não eram tão dramáticas. Outros podem ter tido problemas com dores nas costas ao meditar, ou por não estar acostumados a se sentar no chão por tanto tempo.

Somente depois do retiro percebi algo que havia, realmente, me chocado. Após nos familiarizarmos com a clássica variedade de meditação baseada na respiração, tivemos a chance de aprender sobre uma forma de meditação que não é muito conhecida no Ocidente: meditar na presença de um cadáver em decomposição. Os monges meditavam por meses, enquanto observavam a gradativa decomposição de um corpo humano. No entanto, ainda não foi isso que me chocou. Eu estudava medicina na época e estava acostumado a ver cadáveres. Realmente chocante foi observar que os monges daquele monastério imerso na natureza no centro da Tailândia – não muito longe do retiro no meio da floresta (incluindo langures uivando nas árvores e cobras venenosas nas trilhas) –, tinham cada vez mais dificuldade de obter corpos que se decompusessem normalmente. Mais e mais cadáveres não apodreciam da mesma maneira como o fizeram por milênios. Ao invés disso, os corpos — especialmente, mas não exclusivamente, aqueles que vinham de cidades – exibiam uma pele estranhamente encerada. A maior parte do processo de decomposição não era mais observável. Isso pode até constituir uma vantagem estética, mas a explicação dos monges me marcou: eles achavam que isso tinha a ver com os conservantes na comida que os corpos tinham ingerido em vida.

Tudo está envenenado

Hoje em dia, muitas pessoas olham os alimentos com desconfiança. Aditivos alimentares desconhecidos podem ser pesquisados pelos consumidores, mas, abaixo de um certo limite, produtos químicos adicionados durante a produção não precisam sequer constar das informações de rótulo. Além disso, existem as interações, ainda desconhecidas ou insuficientemente pesquisadas, entre as muitas moléculas novas e potentes que se infiltram nos corpos dos consumidores, diariamente. É o caso, sobretudo, de produtos animais como a carne, uma vez que substâncias presentes na ração animal podem se acumular.

Para muitas pessoas, os danos físicos e mentais infligidos aos animais são motivo de maior preocupação do que aqueles sofridos por elas mesmas. É quase certo que qualquer um que tenha visto imagens das condições em que ocorre a pecuária industrial, será contra ela. Porém, o que pode ser feito?

Em contra-imagem às condições da pecuária industrial, somos frequentemente submetidos a visões romantizadas da produção em pequenas propriedades rurais. A atração exercida por tais noções sobre o passado se torna evidente quando ponderamos quanto são utilizadas para a publicidade de produtos que nada têm a ver com elas. O mundo de ontem parece estar em ordem e, por isso, as cenas idílicas que vêm dele funcionam como telas sobre as quais se projeta a ideia de uma vida melhor. "Naqueles dias, os tomates ainda tinham gosto de tomates". E você não tinha que se preocupar com conservantes ou carcinogênicos na sua comida. Embora na teoria política, via de regra, apenas forças conservadoras ou reacionárias recorram a condições medievais, na teoria social sobre animais isso é absolutamente normal. Porém, o mundo não estava em perfeita ordem, nem durante a Idade Média, nem antes dela. Por exemplo, os romanos antigos costuravam os olhos dos gansos e pregavam as pontas das suas asas no chão, para que engordassem mais rapidamente.

A pecuária industrial é um fenômeno relativamente recente, associada a meios de produção capitalistas, mas esse não é o caso da pecuária intensiva, que existe há muito mais tempo. "Menos é mais" não é necessariamente verdadeiro, assim como o seu oposto não é. Sem mencionar as diversas técnicas pré-modernas do criatório de animais que, hoje, nos parecem repugnantes, nenhum porco jamais foi acariciado até morrer em uma fazenda, nem em tempos pré-modernos, nem no "capitalismo de bem estar" da indústria publicitária. O abate violento de animais, envolvendo medo, pânico e dor, é parte intrínseca de qualquer empreendimento de criação de animais, por menor que seja. O *marketing* orgânico quer que nos esqueçamos disso, por razões monetárias.

Ao mesmo tempo, parece que um número cada vez maior de pessoas vê nas práticas de cura tradicionais, como a Medicina Tradicional Chinesa (MTC), uma alternativa promissora aos produtos da indústria farmacêutica e aos métodos da medicina convencional (e seus testes cruéis em animais). No entanto, dado que a bile de ursos é um remédio fundamental na MTC, incontáveis fazendas de ursos operam na China há tempos, nas quais eles definham em longas fileiras de gaiolas tão pequenas que seus braços e pernas pendem por entre as grades. O único propósito da vida destes ursos está na sua bile, que lhes é continuamente extraída. Não chega a ser surpreendente que remédios tradicionais para populações na casa dos milhões só possam ser produzidos industrialmente. No começo do terceiro milênio cristão, fantasias sombrias de ciborgues parecem harmonizar bem com estilos de vida alternativos.

O triste animal moderno

Observar animais é algo que tem fascinado pessoas, por eras. Hoje, o valor dos animais no entretenimento, muitas vezes, consiste de suas performances incomparavelmente "autênticas" de alienação e não alienação. Esse é o segredo do sucesso dos famosos vídeos de gatos no YouTube, ubíquos na cultura popular contemporânea. Via de regra, a diversão com tais meta-anedotas visuais acerca dos habitantes humanos e não-humanos do mundo moderno é inocente e inofensiva. Coisa muito diferente ocorre com o lamento culturalmente pessimista que, no mais das vezes, se encontra na reflexão sobre as mudanças ocorridas na relação humano-animal na modernidade.

Nesse sentido, o historiador da arte britânico John Berger em seu livro *Por que olhar para os animais?* (2021) — exemplo para outras tantas abordagens similares — deplora o fato de que a "unidade" original, que se supõe haver existido entre humanos e animais tenha sido perturbada pela imposição de formas capitalistas de produção e socialização.[14] A industrialização e a urbanização, ele sugere, têm cada vez mais distanciado animais e humanos. A industrialização substituiu o cavalo de tração pelo cavalo-vapor, bois por tratores, esterco por produtos químicos, e assim por diante. Para ele, as relações "reais" entre humanos e animais têm sido cada vez mais substituídas por relações visuais e imaginárias: no século XX, a indústria cultural produziu uma explosão de representações de animais. Nunca antes na história, a cultura humana foi tão saturada por imagens de animais na publicidade, no entretenimento e na cultura cotidiana. Na visão do autor, os animais se tornaram um mundo de símbolos vazios, capaz de inundar a sociedade humana porque os animais reais desapareceram das relações humanas. Hoje, os animais podem se passar por qualquer coisa, porque ninguém sabe mais como os animais reais se comportam. Tigres garotos-propaganda de cereais matinais e *purple cows*[15] vendendo chocolate. Em poucas palavras, isso delineia o que chamo de triste animal moderno.

O número de espécies animais exterminadas, aniquiladas e erradicadas no curso do colonialismo e do capitalismo é legião, e a situação miserável dos animais no processamento industrial moderno, *mortos sob licença de existir*[16] – sem dúvida, uma licença em um *show* de horrores – parecem confirmar a visão dos pessimistas culturais. Os prisioneiros da indústria animal parecem caricaturas assustadas e deploráveis dos demais membros

14 John Berger, *Por que olhar para os animais?* (São Paulo: Fósforo, 2021).

15 [N.T.] *Purple Cow* é a vaca mascote de uma marca de chocolates, mas tornou-se um conceito de *marketing*, em referência ao produto e/ou serviço notável e único.

16 [N.T. Inglesa] Como o revolucionário alemão Eugen Leviné, ao ser sentenciado à morte, celebremente se referiu a si mesmo e aos seus camaradas.

relativamente livres de sua espécie. Na verdade, as práticas tecnocientíficas da agropecuária geraram animais que mais parecem pálidos espectros de sua espécie.

No entanto, os críticos do triste animal moderno negligenciaram o fato de que, na modernidade capitalista, a separação espacial entre o campo e a cidade, entre a produção e o consumo, contribuiu, decisivamente, para a *des-brutalização* da relação animal-humano. Na medida em que os matadouros foram desaparecendo das cidades, os humanos puderam viver sem o som, aparentemente "natural", de animais berrando de pavor, a caminho do abate. Aquilo que pode se afigurar, para alguns, uma super-romantização dos animais pelas almas mimadas de citadinos perigosamente sem noção é, para outros, o progresso civilizatório do afastamento moderno em relação a uma brutalidade arcaica. Somente a separação espacial em relação à brutalidade patriarcal, inerente à produção rústica, possibilitou uma relação com os animais que diferisse daquilo que, valendo-se da normalização da violência e da exploração, se autodenomina "pequena propriedade" tradicional. O processo que levou a um aumento quantitativo e a uma intensificação qualitativa da exploração dos animais produziu, ao mesmo tempo, os seus críticos mais impiedosos e os seus oponentes mais implacáveis.

Considere-se, também, quantos migrantes existem nas sociedades contemporâneas. Isso não significa que haja forte interação entre esses migrantes e a sociedade que os recepciona. Ou, ainda, que se pense em todos os filósofos misóginos, presos a convicções distorcidas, ao mesmo tempo em que conhecem muitas mulheres "reais" em interações cotidianas. Nem para seres humanos, nem para animais, a proximidade espacial resulta, automaticamente, em proximidade social ou, precisamente, no conhecimento adequado de outrem.

O capítulo "Política de Pombos" retoma essa ideia e trata de um animal urbano familiar a todos os cidadãos contemporâneos, ainda que nunca tenham olhado para o animal "real": o pombo. É possível que haja mais a aprender com os pombos do que com o mais perspicaz dos pessimistas culturais.

A perspectiva da luta

Este livro é um chamado à politização da questão animal, com base em um marxismo levemente "feral". A causa é urgente, porque não importa se a questão é a caça, os zoológicos, o circo ou testes em animais; não importa se o problema são peles, *foie gras* ou pecuária industrial; não importa se o que se critica é a caça às baleias, o transporte de animais ou a produção completamente trivializada da carne – poucas coisas conseguem tocar mais nossos corações do que os animais.

Apesar disso, em vez de suprir as forças progressistas pela mudança social com investigação e respostas de maior alcance, que superassem as promessas do liberalismo, as abordagens marxistas arrastam-se atrás delas.[17] Tanto em sua análise do papel dos animais no

17 Para algumas exceções que confirmam a regra, veja-se Jason Hribal, *Fear of the Animal Planet: The Hidden History of Animal Resistance* (Oakland: AK Press, 2011); Jonathan L. Clark, "Labourers or Lab Tools? Rethinking the Role of Lab Animals in Clinical Trials", in *The Rise of Critical Animal Studies: From the Margins to the Centre* ed. Nik Taylor e Richard Twine (London: Routledge, 2014), 139–66; Ted Benton, *Natural Relations: Ecology, Animal Rights & Social Justice* (London/New York: Verso, 1993); Lawrence Wilde, "'The Creatures, Too, Must Become Free': Marx and the Animal/Human Distinction", *Capital & Class* 72 (2000), 37–53; Agnieszka Kowalczyk, "Mapping Non-human Resistance in the Age of Biocapital", in *The Rise of Critical Animal Studies*, 183–200.

capitalismo, quanto em sua crítica do *status quo* dos animais em sociedades específicas, a esquerda muitas vezes lembra uma retaguarda triste e perplexa.

Isso é ainda mais verdadeiro a respeito do marxismo que, em se tratando de animais, nunca se emancipou dos discursos liberais burgueses, se é que tal marxismo teve, em algum momento, algo progressista a dizer sobre o assunto, além das platitudes hegelianas ou idealistas-humanistas. Aquilo que Paul B. Preciado diz acerca do feminismo aplica-se, muito bem, à história do movimento dos trabalhadores. Vozes internas ao movimento foram, inicialmente, marginalizadas e, então, esquecidas, de modo que, agora, parecem "estranhas". Assim, o ponto aqui é refletir acerca de alguns fundamentos centrais do debate político sobre os animais e oferecer interpretação diversa, de uma perspectiva marxista.

Se, por um momento, deixarmos de lado os marxistas incorrigíveis, para quem o socialismo consiste na completa e perfeita dominação e na exploração dos animais; se ignorarmos os ultra-humanistas, que se recusam a tratar de animais, enquanto todos os problemas humanos não forem, de uma vez por todas, resolvidos, a maioria das pessoas, provavelmente, concordaria que os animais devem ser protegidos contra a violência, injusta e extrema. Essa frente política é marcada, principalmente, por duas abordagens diferentes: de um lado, os defensores do bem-estar animal querem gradualmente melhorar o destino dos animais; de outro, os ativistas por direitos dos animais e abolicionistas que visam o fim da propriedade de animais.

Porém, independentemente da posição de defensores do bem-estar animal ou ativistas dos direitos dos animais, algo os une, a ambos, nesta linha de frente: os animais são vistos como vítimas passivas das desgraças do mundo. Filosofias morais contemporâneas também ocupam este ponto de Arquimedes, quando consideram os animais "pacientes morais" dependentes, em oposição aos humanos, entendidos como "agentes morais" autônomos; tal foi a posição tomada por Theodor W. Adorno e Max Horkheimer, em sua *Dialética do Esclarecimento* [(1947)1985], afirmando o manejo dos animais como aspecto imprescindível à dominação interna e externa da natureza.

Neste livro, tais posições acerca da questão animal serão confrontadas com outro ponto de vista: pensar a história e a presença dos animais *da perspectiva da luta*. Se, como se diz frequentemente, Marx virou a dialética (idealista) de Hegel de pernas para o ar, de modo a lhe conceder uma base (materialista), isso ainda não foi o bastante – essa base deve incluir cascos e patas, também. Todo o aparato feito de cercas, jaulas, currais e sistemas de vigilância e monitoramento é uma resposta à monstruosa agência dos animais e um testemunho de seu poder formador de mundo, em oposição ao pensamento corrente, que os concebe em termos de deficiência (pouquíssima competência linguística, pouquíssima capacidade de abstração, pouquíssima habilidade para fazer planos, e assim por diante).

Eu proponho conceber os animais como agentes políticos de resistência e entender a resistência animal como um motor para modernizar formas capitalistas de produção. Aqui, os animais serão pensados não como tendo metade da inteligência ou um quarto da criatividade dos humanos, como as ciências populares gostam de afirmar, muito menos como entidades secundárias desprovidas de qualidade de existência própria, mas antes como poderosos coprodutores do mundo.

Engels se desculpa com o ornitorrinco

Em uma carta datada de 12 de março de 1895, Friedrich Engels relata o seu pedido de desculpas ao ornitorrinco, aquela criatura maravilhosa que, mais ou menos, transita entre duas ordens biológicas – um mamífero que põe ovos. A carta se endereçava ao economista e filósofo Conrad Schmidt (que também era o irmão mais velho da escultora Käthe Kollwitz).[18] Nesta carta, Engels argumenta que conceitos são aproximações à realidade. Isso não os reduz a meras ficções arbitrárias, mas eles não podem ser simplesmente equiparados à realidade.

Como ilustração, Engels menciona dois exemplos. Um deles advém da história social; o outro, da história natural. O feudalismo medieval decerto nunca existiu, em nenhum lugar do mundo, sob a forma de um "total classicismo", isto é, nos termos imaculados da teoria econômica – o que mais se aproximou deste sistema teórico foram os textos legais sobreviventes do efêmero Reino de Jerusalém.

O segundo exemplo de Engels, ao qual ele devota o dobro do espaço do exemplo do feudalismo, concerne à tensão entre os modelos que classificam seres vivos em taxonomias rígidas (como peixes, anfíbios ou mamíferos) e as ágeis dinâmicas da vida em sua contínua transformação evolutiva:

> A partir do momento em que aceitamos a teoria da evolução, todos os nossos conceitos acerca da vida orgânica correspondem só aproximadamente à realidade. Caso contrário, não existiria a mudança: um dia, quando o conceito e a realidade no mundo orgânico estiverem em absoluta correspondência, o desenvolvimento terá chegado ao fim. O conceito de "peixe" implica uma vida na água e respirar com brânquias; como você pretende ir do

18 Marx e Engels, *MECW*, vol. 50, 466.

> peixe ao anfíbio sem romper com esse conceito? E ele foi rompido: conhecemos toda uma variedade de peixes cujas bexigas natatórias evoluíram para pulmões e que, agora, podem respirar ar. Como você quer passar do réptil que põe ovos para o mamífero que gera filhotes vivos, sem fazer com que um ou outro conceito entre em conflito com a realidade? E, na verdade, temos nos monotremados toda uma subclasse de mamíferos ovíparos — eu vi os ovos de um ornitorrinco em Manchester em 1843 e com arrogante intolerância eu zombei daquela tolice. Como se um mamífero pudesse botar ovos! E, agora, está provado. Então não faça o mesmo com o conceito de valor, pois eu precisei implorar ao ornitorrinco pelo seu perdão![19]

Talvez seja a hora de mentes mais críticas seguirem o exemplo de Engels e começarem a se desculpar com os animais por sua "arrogante intolerância". Os muros da velha *polis* caíram, há muito tempo.

19 Marx e Engels, *MECW*, vol. 50, 466.

POLÍTICA DE POMBOS

Precisamos ser espertos como os pombos.
– Toni Negri

Em 22 de junho de 1966, o *New York Times* publicou um artigo que entraria para a história (dos pombos). Nele, Thomas P. Hoving, o comissário de parques da cidade, condenava, duramente, o vandalismo e a sujeira no Bryant Park. Hoving referia-se, explicitamente, aos "homossexuais" que, segundo ele, estavam "fazendo caras e bocas" para outros frequentadores do parque e apontou para o extraordinário número de "bêbados" que se aglomeravam nas áreas verdes. O artigo descrevia um parque público em crise, irremediavelmente tomado por moradores de rua e descaradamente usado como depósito de lixo. A isso se seguia um subtítulo: "E ainda há os pombos". Hoving declarou que esta espécie de pássaro, até então inocente, era "o mais persistente vândalo" de Nova Iorque: "... os pombos comem nossas ervas, nossa grama, nossas flores, e são uma ameaça à saúde... Mas todo mundo quer alimentá-los... É impossível impedir os que alimentam os pombos".

Depois do apelo do autor – mais desesperado do que esperançoso – por uma "limpeza", na conclusão do artigo surgia, pela primeira vez, uma frase destinada a seguir os pombos, onde quer que eles fossem: o Comissário Hoving chamou o pombo de *um rato com asas*. O filme de Woody Allen, *Memórias* (*Stardust Memories*), de 1980, citou esta expressão nova-iorquina, lançando-a à circulação global.[20]

Em breve tempo, a imagem pública dos pombos foi transformada. Antes a epítome do agradável, do belo, do saudável e do bom, os pombos foram, ao longo do século XX, vistos nas cidades ocidentais como uma praga urbana: desagradáveis, feios e infestados de germes[21]. Como se deu essa transformação?

---

20 O filme de Woody Allen *Memórias* (*Stardust Memories*, 1980), ao qual esta metáfora política é, erroneamente, quase sempre atribuída, contém o seguinte diálogo entre Sandy (Allen) e Dorrie, quando um pombo entra voando em seu apartamento:
Dorrie: "Olha, isso é tão bonito. Um pombo!"
Sandy: "Credo, não. Não é bonito, não. Eles são, eles são, eles são ratos com asas".
Dorrie: "Eles são maravilhosos. Não! Deve ser um bom presságio. Vai nos trazer boa sorte".
Sandy: "Não, não. Tire-o daqui. Deve ser um daqueles pombos assassinos".

21 Por questão de legibilidade, especialmente nas passagens históricas, dispensamos as referências aqui. As informações apresentadas podem ser encontradas nos seguintes trabalhos e textos: Horst Marks, *Unsere Haustauben* (Wittenberg: Ziemsen, 1971); Andrea Dee, *Eine vergessene Leidenschaft: Von Tauben und Menschen* (Wien: Ueberreuter, 1994); Richard Johnston e Marián Janiga, *Feral Pigeons* (New York: Oxford University Press, 1995); Daniel Haag-Wackernagel, *Die Taube: Vom heiligen Vogel der Liebesgöttin zur Strassentaube* (Basel: Verlag Schwabe & Co, 1998); David Glover e Marie Beaumont, *Racing Pigeons* (Marlborough: Crowood, 1999); Annette Rösener, *Die Stadttaubenproblematik: Ursachen, Entwicklungen, Lösungen; eine Literatur-Übersicht* (Aachen: Shaker, 1999); Andrew Blechman, *Pigeons* (New York: Grove Press, 2006); Simon J. Bronner, "Contesting Tradition: The Deep Play and Protest of Pigeon Shoots", *Journal of American Folklore* 118 (2005), 409–452; Eva Rose, Peter Nagel e Daniel Haag-Wackernagel, "Spatiotemporal Use of the Urban Habitat by Feral Pigeons (*Columba livia*)", *Behavioral Ecology and Sociobiology* 60,2 (2006), 242–54; Günther Vater, "Bestandsverminderung bei verwilderten Haustauben. Teil 1: Bilanz mitteleuropäischer Stadtverwaltungen", *Bundesgesundheitsblatt–Gesundheitsforschung–Gesundheitsschutz* 42,12 (1999), 911–21; Courtney Humphries, *Superdove: How the Pigeon Took Manhattan – and the World* (New York: Collins, 2008).

Uma importante razão material para a alta estima em que estes pássaros eram tidos foi, provavelmente, sua capacidade de produzir o fertilizante, que talvez seja o melhor do mundo: os excrementos de pombos foram valorizados por sociedades agrárias, através do tempo e do espaço. Nos mais remotos cantos do mundo, pombais e torres de pombos são monumentos a tal estima. Tidos, comumente, como pacíficos, monogâmicos e belos, os pombos – nesse contexto, "pombas"[22] – se tornaram o símbolo do Espírito Santo na mitologia cristã que, por sua vez, terá derivado de tradições anteriores de veneração a pombas. Na tradição católica, as pombas eram consideradas as únicas criaturas na Terra tão puras, que nenhum demônio poderia possuí-las. As pombas estão entre os primeiros animais domesticados e acompanharam as sociedades humanas, desde que se têm registros escritos. Homero, Sócrates e Aristóteles possuíam profundo conhecimento da vida das pombas e escreveram sobre sua reprodução seletiva e domesticação. Representações visuais, esculturais e literárias da relação entre humanos e pombas datam de cinco mil anos. Alguns autores retraçam sua domesticação ao início da sedentarização no Oriente Próximo e no norte da África, há cerca de dez mil anos.

Todos os pombos urbanos e domésticos descendem do pombo-das-rochas, que existe até hoje. Porém, enquanto seus descendentes urbanos são encontrados praticamente em qualquer lugar onde haja humanos, o pombo-das-rochas está presente apenas na Ásia e na África. O pombo é dito uma espécie sinantrópica ou companheira. Para os pombos, a interação com

22 [N.T. Inglesa] No inglês, "*doves*". A palavra alemã *Taube*, que é cognata à palavra inglesa *dove*, é usada tanto para a rola selvagem quanto para o pombo doméstico e seus descendentes ferais urbanos. [N.T.] Ao longo do capítulo, traduziremos *dove* como "pomba" e *pidgeon* como "pombo".

os humanos ou com suas construções se provou altamente vantajosa. Ao que parece, as estruturas de barro e pedra das primeiras habitações humanas se assemelhavam tanto ao *habitat* original dos pombos que eles, prontamente, ali fizeram seus ninhos. Os pombos não constroem ninhos; eles se acomodam em cantos e fendas já existentes. E, dado que os pombos não parecem se importar com a diferença entre natureza e cultura, ficaram confortáveis na proximidade de humanos e não mostraram medo algum deles.

Tais características peculiares aos pombos foram um pré-requisito para a intervenção humana. Seu breve ciclo reprodutivo os tornou animais de criação ideais; o próprio Charles Darwin devotou muitos anos a observá-los. Ocorre que os pombos são férteis em maior frequência e por mais tempo do que a maioria dos outros animais. Por esse motivo, tornaram-se criaturas míticas em diversas culturas, representando o bem, a gentileza, a monogamia e a fertilidade. Não surpreende que pombas fossem animais sacrificiais populares e pássaros de templos, consagrados, primeiramente, a Afrodite e, mais tarde, a Vênus. De acordo com Plínio, os romanos antigos desenvolveram uma obsessão pela carne de pomba e as comiam ainda filhotes, após alimentarem-nas à força com pão mastigado e deixá-las prematuramente gordas. Apenas uma das muitas torres de pombas romanas poderia abrigar cinco mil pombas.

Até o século XVII, cerca de 26.000 pombais ainda existiam na Grã-Bretanha. No século XVIII, entretanto, seus números caíram consideravelmente, devido à introdução do plantio de raízes, que permitiu alimentar o gado de grande porte no inverno, reduzindo, significativamente, a demanda por carne de pomba.

Na França, erguer um pombal era um privilégio das classes sociais mais altas. Não foi apenas a velha ordem que caiu em 1789, mas também todos os pombais. Hoje se estima que um terço de todos os pombos da França descenda das pombas que foram libertadas ao longo da Revolução Francesa. Durante o Cerco de Paris de 1870-1871, pombos mensageiros enviaram cento e cinquenta mil mensagens oficiais e cerca de um milhão de mensagens privadas entre as fortificações militares.

Toupeiras voadoras

Apesar da sua função como mensageiros ter sido gradualmente substituída pelas inovações tecnológicas do século XIX, os pombos permaneceram eminentemente importantes na Europa até a virada do século XX, como fonte barata de alimento e fertilizantes, bem como herbicidas naturais.

O desenvolvimento da síntese de Haber-Bosch no começo do século XX transformou a agricultura tradicional e abalou os fundamentos materiais da adoração de pombas. Uma vez que o nitrogênio era o fator mais importante para o aumento da produção agrícola, sua síntese bem-sucedida teve profundas consequências sociais e econômicas, inclusive um rápido declínio da importância dos excrementos de pombos. A ascensão da galinha como fonte de nutrição similar, que começou nos Estados Unidos na primeira metade do século XX, tornou mais desanimadora a situação dos pombos. Ocorre que a galinha continua botando ovos, mesmo sob intenso estresse físico e psíquico e em condições de criação altamente industrializadas, tentando, desesperadamente, manter-se viva, em circunstâncias em que outras espécies já teriam desistido.

De tal modo, o milagre econômico do pós-guerra transformou a imagem mítica da *Schlaraffenland*.[23] Nunca mais "pombos assados voando para bocas abertas". Por volta da virada do século, cerca de 750.000 pombos eram consumidos por ano, apenas em Viena; esse número caiu a zero, ao longo do século XX. Não havia lugar economicamente produtivo para os pombos na agricultura modernizada das regiões industrializadas do mundo. O desaparecimento dos cavalos no espaço público também representou uma significativa redução nas fontes de alimento para os pombos, que tinham o hábito de se banquetear na ração de cavalos espalhada pelas ruas. Houve uma exceção, na cultura de massas, a essa perda de função econômica: a reprodução seletiva de pombos. Entre os mineiros da região do Ruhr, na Alemanha, em particular, até dez mil apreciadores de pombos ocupavam seu tempo livre com o cuidado diário, a seleção e o esporte – pelo século XX afora. Era parte da cultura do lazer proletário; os mineiros – aqueles que cavavam sob a terra para viver – apelidaram, carinhosamente, seus pombos de "toupeiras voadoras":

23 [N.T. Inglesa] *Schlaraffenland* – literalmente, "terra dos macacos preguiçosos" – é uma terra fantástica de plenitude, muito conhecida pelo público alemão, derivada da história medieval pelos irmãos Grimm, em seu repertório de contos de fadas alemães. O conto traz a imagem de pombos assados voando para as bocas abertas dos habitantes preguiçosos daquela terra. A expressão "esperar até que um pombo assado voe para a sua boca" se tornou um provérbio na Alemanha, significando esperar por algo sem trabalhar. Imagens paralelas, envolvendo gansos e cotovias, se encontram na construção anglo-irlandesa medieval da *Land of Cockaigne*.

[N.T.] Em português, a expressão encontra equivalente em "Terra de Cocanha" ou, ainda, na referência bíblica à "Terra de Leite e Mel".

Treinamento, disciplina e trabalho duro são coisas que o mineiro tem que alcançar por ele próprio; é, também, o que ele exige de seus queridos pombos. Ele disciplina o seu amigo pássaro, assim como ele tem que disciplinar a si próprio. Ele experimenta na seleção de pombos, e no voo das aves, como sua própria libertação consiste, entre outras coisas, em trazer seus limites como um dote para sua união com os pombos: o reino da liberdade que ele cria reflete tais limites, não apenas como um espelho, transfigurados em bondade — ele as contém em forma corporal.[24]

Militarizando a fachada

Os mesmos processos econômicos, que macularam a aura das pombas, também levaram a uma explosão na população de pombos nas zonas urbanas do mundo. O *boom* fordista do pós-guerra os presenteou com maior oferta de alimento, na forma de lixo, assim como o advento de ruas comerciais e zonas de pedestres os proveu com uma abundância de *habitat* natural/artificial. Tal como haviam feito nos primeiros assentamentos humanos, os pombos também se sentiram em casa nas novas metrópoles e tomaram conta da cidade. Após perder seu antigo valor econômico ao longo do século XX, seu estatuto mudou bastante. Por longo tempo, a pomba foi considerada saudável: cortada ao meio e colocada sobre um ferimento ou consumida em uma sopa, era o alimento ideal para os doentes ou hospitalizados. Até os anos 1950 a pomba figurava, semanalmente, no cardápio

24 Hans-Georg Soeffner, "Der fliegende Maulwurf (Der taubenzüchtende Bergmann im Ruhrgebiet) — totemistische Verzauberung und technologische Entzauberung der Sehnsucht" em *Paradoxien, Dissonanzen, Zusammenbrüche*, ed. Hans Ulrich Gumbrecht e Karl Ludwig Pfeiffer (Frankfurt am Main: Suhrkamp, 1990), 431–53, 439.

de metade dos hospitais de Viena, uma ave tida como tão pura que poderia mesmo curar os doentes. Porém, pouco a pouco, passou a ser percebida como portadora de doenças.

O interior das casas tornou-se cada vez mais asséptico, bem como os espaços públicos mais cuidados. Padrões mais altos de higiene fizeram com que a população se preocupasse com a limpeza dos parapeitos de janelas e quintais. Pessoas de negócios e políticos locais se preocuparam com a estética de áreas públicas do comércio. E, embora qualquer esquilo espalhe mais patógenos do que os pombos, esses últimos passaram a ser vistos como "fábricas de germes". O fato de as pessoas acreditarem nisso tão prontamente aponta para uma ordem urbana simbólica em que visões de espaços da cidade disciplinados se mesclam a demandas comerciais por zonas de consumo sanitizadas, na intersecção da estética ordeira e da higiene biossocial. Em tais espaços, não apenas pombos, mas também outras figuras percebidas como parasitárias e inúteis – *punks*, pedintes, usuários de drogas, grafiteiros, pessoas em situação de rua – perturbam a paisagem urbana domesticada e o fluxo regular dos negócios.

Ainda que a Suprema Corte Federal alemã tenha decidido que pombos, definitivamente, não são pragas, empresas de limpeza de prédios e outros agentes interessados em livrar a cidade dos pombos continuam afirmando que eles o são. Em consequência, na luta contra os pombos, fachadas foram militarizadas com lanças de metal e redes. Exterminadores de pragas estão prontos a ajudar. Placas eco-moralistas em parques, exibindo ratos de cara feia realizam, com sucesso, o curto-circuito semiótico com outra praga, cujo estatuto nos parece inequívoco: alimente um pombo e você terá alimentado um rato.[25]

A ecologia visual da sujeira

O sociólogo Colin Jerolmack vasculhou os arquivos do *New York Times*, no período entre 1851 a 2006, procurando por evidências da demonização dos pombos como uma espécie-problema. Ele chegou à seguinte conclusão: "Afirmo que os pombos vieram a representar a antítese da metrópole ideal, ordenada e sanitizada, com a natureza submetida e compartimentalizada. Tipificado enquanto um problema de saúde pública, o principal 'delito' do pombo é poluir os *habitats* dedicados ao uso humano".[26]

A sujeira, como a antropóloga Mary Douglas mostrou, é, primariamente, uma categoria social.[27] A sujeira não existe enquanto tal. Aquilo que parece sujeira sob as unhas de um ourives, uma vez removida e colocada no lugar certo, é ouro puro. Ou, como afirma um velho ditado britânico, "a sujeira é a matéria fora de lugar". Aplicado a seres vivos, isso quer dizer: o atributo "sujo" denota sujeitos que deverão ser removidos de um certo espaço.

25 Para um divertido retrato literário da batalha contra os pombos – do ponto de vista dos pombos – veja-se Patrick Neates, *The London Pigeon Wars* (London: Penguin, 2004).

26 Colin Jerolmack, "How Pigeons Became Rats: The Cultural-Spatial Logic of Problem Animals", *Social Problems* 55,2 (2008), 72-94, 72.

27 Mary Douglas, *Pureza e perigo*. São Paulo: Perspectiva, 1976.

Tal é o segredo da crescente antipatia pública em relação aos pombos. *Não* é porque são sujos que os pombos devem ser removidos dos espaços urbanos; parecem sujos, porque perturbam a nova ordem urbana.

Sua visibilidade é parte do problema. Em contraste com texugos, doninhas, cervos e outros habitantes das fronteiras entre natureza e cultura, os pombos não se confinam à periferia das cidades, antes vivem nos lugares mais públicos e mais visíveis do espaço urbano. Em contraste a ratos e baratas, não emergem apenas ao cair da noite, mas existem na cidade, em plena luz do dia. Eles podem voar e sempre o fizeram; assim, não podem ser banidos para os interiores, como os gatos, ou colocados em coleiras, como os cães.

O pombo também vai contracorrente de outra constante da domesticação: desde que a maior parte dos animais domésticos não precisa mais procurar pelo seu alimento, estes são intelectualmente inferiores à sua contraparte selvagem. Com os pombos, dá-se o contrário. Contrariando os temores do filósofo Jean-Jacques Rousseau, parece que a civilização nem sempre leva à ruína. Os pombos, em geral, ocupam uma zona intermediária entre o domesticado e o selvagem, pois os pombos urbanos são os descendentes ferais de animais que, um dia, foram domésticos e que, ainda, cruzavam com seus primos selvagens de fora da cidade, frequentemente. Da perspectiva da ecologia urbana, os pombos urbanos são vistos como uma população "abastardada" de indivíduos que não retornaram, obedientemente, aos seus pombais ou, como aconteceu na França depois de 1789, foram libertos e se juntaram aos demais membros ferais da sua espécie: ao que tudo indica, o ar da cidade traz liberdade, às vezes não só para humanos.[28]

Sobre envenenar pombos

Na Áustria pós-guerra, por um curto período de tempo, o pombo assumiu um papel especial, sob diversas formas. Nos tabloides, apareciam histórias que representavam os pombos tanto como vítimas quanto como vilões:

> Representantes da Associação para o Bem-estar Animal de Viena têm trabalhado como detetives nas últimas semanas, e o que eles descobriram é escandaloso: os pombos de Viena estão sendo enviados em grandes remessas para Bolonha... Somente ontem, outra remessa de pombos deixou a Estação Sul de Viena, rumo à Itália. Quinhentos pombos em seis pequenas caixas partiram em uma viagem de quatro dias para Bolonha. Mal havia água ou comida em tais caixas.[29]

Em sua indignação com o destino dos pombos abduzidos, a boa Áustria pôde se mostrar altiva. No entanto, naquela altura, os contornos do problema atual com os pombos já se delineavam. E uma solução vienense para o problema estava, igualmente, em curso:

> Todo ano, em Viena, aproximadamente 15.000 pombos são exterminados. A prefeitura de Viena incumbiu uma companhia de controle de pragas do distrito de Landstrasse

28 [N.T. Inglesa] O provérbio alemão *Stadluft macht frei* — o ar da cidade traz liberdade — se refere a um princípio da lei medieval, segundo o qual uma pessoa em servidão feudal que chegasse a uma cidade e vivesse lá por um ano e um dia, passava, então, a se vincular à cidade e ficava livre de suas obrigações anteriores.

29 Bernhard Kathan, "Human, unauffällig: Gehn mer Tauben vergiften im Park", *Die Gazette*, 12 de julho, 2001.

> de realizar tal tarefa controversa, mas infelizmente necessária. Os homens dessa companhia estão procedendo de acordo com um plano cuidadosamente estabelecido para dizimar os pombos nos locais onde eles se tornaram um sério incômodo. Ele envolve espalhar grãos de milho tratados com cianeto de hidrogênio. Assim que as criaturas engolem um grão sequer, elas caem mortas. A Sociedade para o Bem-estar Animal não pode intervir contra essa forma de extermínio de pombos, uma vez que ela é totalmente indolor e humana.

A afirmação de que o cianeto de hidrogênio era uma forma particularmente humana de erradicação também contribuiu para a relativização da crueldade dos crimes dos nazistas. A reviravolta final se deu por meio dos relatos de como outras capitais estavam lidando com as aves, agora tornadas um grande incômodo:

> Moscou declara guerra aos pombos... Após a faculdade de medicina da Universidade de Moscou culpar os bandos de pombos em constante expansão pela epidemia de gripe, milhões destes pássaros arrulhadores devem ser banidos da metrópole soviética... Com aspiradores gigantescos, os pombos serão sugados das ruas e da Praça Vermelha e reassentados na Sibéria.[30]

Na Áustria pós-guerra, as pessoas concebiam como o ápice do terror – aquele que alguns ainda sentiam em seus ossos – ser um prisioneiro de guerra na Sibéria. As reportagens sobre os pombos, com suas monstruosas promessas (tratamento humano, utilizando cianeto) e premissas improváveis (obliteração da face da terra, utilizando aspiradores) reforçavam sua própria lógica de justificação. A violência e a hipocrisia que elas continham, pouco depois da erradicação de um dos mais importantes centros de vida judaica na Europa pelos nacional-socialistas, também deve ter impressionado o compositor anarquista Georg Kreisler em seu retorno à Áustria em 1955, vindo dos EUA, para onde havia fugido

30 Kathan, "Human, unauffällig".

do terror nazista. Não surpreende que sua canção mais famosa, *Taubenvergiften im Park* ("Envenenando Pombos no Parque"), tenha sido banida do rádio e da televisão.

Alimente um pombo, alimente a resistência

O filósofo Jacques Derrida devotou sua palestra final à bestialidade e voracidade lupina da soberania, contrapondo-as à não violência e ao pacifismo da pomba.[31] Nesse caso, o pensador da desconstrução, sagaz em todos os outros contextos, foi levado a erro pela história das ideias oficial, negligenciando a dialética do ramo de oliveira e da bomba fecal.

Diferentemente do português, a palavra alemã *Taube* não comporta a distinção entre "*pomba*" e "*pombo*". No entanto, a constelação de Gêmeos conceitual de pombas boas e pombos maus deve, ao menos, ter parecido familiar, pois evoca o par, baseado no gênero, da "virgem" e da "vadia". Não nos enganemos: ambos os rótulos marcam o movimento do legítimo e do ilegítimo no espaço público. A cuidadosa partição das duas formas de *Columbidae*, que são genética e zoologicamente indistinguíveis, mostra a influência das tecnologias sociais: a pomba branca da paz, da docilidade, da monogamia e da obediência pertence a cerimônias de estado, acordos de paz e casamentos. Já o pombo se tornou o pária da vida animal urbana, que não pertence a lugar algum, cujo dejeto agressivo ameaça corroer monumentos nacionais e culturais. O pombo não se adequa nem

31 Cf. Jacques Derrida, *A Besta e o Soberano: Seminários 2001-2002* (Rio de Janeiro: Via Verita Editora, 2016).

a noções convencionais de beleza silvestre, nem à servilidade do animal de criação. Por tal razão, são o alvo preferencial do manejo de espécies — nominalmente "ecológico", com o uso de falcões que são, praticamente, funcionários das administrações municipais.

E o número de pombos tem caído, porque a gentrificação cruza até mesmo fronteiras entre espécies. O crescente uso do vidro para o exterior dos edifícios, bem como a contínua conversão de sótãos em coberturas vêm reduzindo os espaços para ninhos e abrigos disponíveis aos pombos. A isso se somam os efeitos de medidas impeditivas, como redes e lanças de metal. A proibição de alimentar os pombos, lentamente, tem surtido efeito, ao lado de espaços urbanos baldios que vêm desaparecendo.[32]

Certa vez, Michel Foucault definiu a crítica como "a arte de não ser governado ou, ainda, a arte de não ser governado assim e a esse preço".[33] Nesse sentido, os pombos emergem como criaturas rebeldes. Com base em seu número, visibilidade e tenacidade, os pombos assumem papel especial como disruptores da ordem urbana.[34] Entre humanos, também, tal recalcitrância lembra, afetiva e visceralmente, as piadas sujas de pessoas idosas, mais do que o solene impulso de fazer petições.

---

32 Hans-Hermann Kotte, "Tauben-Population geht zurück", *Frankfurter Rundschau*, 12 de julho, 2012.

33 Cf. Michel Foucault, O que é a crítica?" Crítica e Aufkalärung. Espaço Michel Foucault, www.filoesco.unb.br/foucault (s/d, consultado em 10.06.2025), pp.4

34 Eles não estão, de modo algum, sozinhos: animais de carga, como jumentos e mulas, por exemplo, apareciam em discursos modernistas da arquitetura e no pensamento etnológico sobre as cidades quando questões como autoridade e obstinação eram tratadas. Veja-se Catherine Ingraham, *Architecture and The Burdens of Linearity* (New Haven: Yale University Press, 1998).

No espaço urbano, encontramos uma figura urbana associada aos pombos: a pessoa idosa ou, mais precisamente, a mulher idosa. Tal como os animais, as pessoas mais velhas são pensadas como espaço do conservadorismo e da inflexibilidade. Assim, na típica imaginação urbana, dois perdedores se encontram em espaços públicos: a vovozinha abatida, que desperdiça seu excesso de afeição em algo que não o merece; e o objeto de tal afeição, o pombo. Porém, e se alimentar os pombos revelar os contornos de uma militância afetiva de larga escala entre idosos no espaço público? Granarquistas, ou avós-anarquistas, quando as mulheres idosas exercem sua prática publicamente condenada de alimentar os pombos, enfrentam os guardas dos parques, os usuários que correm por ali e outros mais.[35]

O pombo é uma metáfora viva para o excesso e para a comunicação, para a migração insubordinada sem uma terra pátria, para a produção de solidariedade em espaços improváveis. O pombo é uma cifra para riqueza, proliferação e sociabilidade ("os pombos voam para onde os pombos estão"). Tal cifra é baseada em uma história material não-trivial e na multifacetada produção de significado, que a ela se articula. O pombo é, ainda, um signo do excesso e da utopia: em *Mary Poppins* (1964), as crianças se libertam – em vez de levar suas economias para o banco, como o pai lhes ordenara, deixam-nas com a velha pedinte que, sentada nos degraus da Catedral de São Paulo, vende ração de pombo.

De modo interessante, os pombos se tornaram um problema para a poluição urbana, justamente quando parte da esquerda descobriu a sujeira. Se o direito à

35 Na Grã-Bretanha, o fenômeno das "granarquistas" é bem conhecido. Elas, muitas vezes, constituem a parcela mais militante em protestos pelos direitos dos animais e sua presença visível, na linha de frente de protestos ilegais, inibe até mesmo a tropa de choque mais endurecida de golpear os manifestantes.

limpeza, isto é, a oportunidade adequada para se lavar e se banhar, foi uma demanda auto-evidente de grupos socialistas e comunistas até metade do século XX, *beatniks* e *punks*, depois, emergiram como movimentos da cultura popular, que se relacionam positivamente com a sujeira. O *punk* com um rato em seu ombro, ou um vira-lata na coleira, tornou-se uma figura familiar. No que diz respeito às relações humano-animal na ecologia urbana, no entanto, o *punk* permanece na estrutura burguesa da propriedade. Ele apenas trocou de animal. Daí a relação entre mulheres idosas e pombos – que podem ir e vir como quiserem e não pertencem a quem quer que seja, a não ser a si mesmos – poder ser entendida como uma práxis social-revolucionária. Para parafrasear Foucault, pode-se dizer: onde há cidades, há pombos. E onde há pombos, há resistência.

MULTITUDES SUÍNAS

Se o biopoder equacionou, simbolicamente, os animais aos homens pobres, a reação dos trabalhadores não foi negar a equação, mas transformá-la, criativamente, em luta pela vida.

– *Nádia Farage*

Os porcos eram parte ordinária da paisagem urbana pré-industrial na Europa e além, onde eram vistos nas ruas e nas praças – mas não quer dizer que todo mundo estivesse feliz com isso. Em 1410, cidades alemãs como Ulm já estavam fazendo esforços para limitar o número de porcos por habitante e tentavam reduzir o tempo em que um porco poderia correr livre pela cidade (uma hora, ao meio-dia). Por muito tempo, tais esforços não tiveram sucesso. Em Berlim, a criação de porcos foi banida e, em 1709, o Estado de Hamburgo recorreu à instalação de placas para informar o público acerca de odores e problemas de saúde causados pelos porcos que saltitavam, livremente, pela cidade.[36]

A certa altura, mais precisamente na primeira metade do século XIX, os habitantes grunhidores de Nova Iorque se tornaram o tema de debate intenso, quando a gentrificação e os ressentimentos de classe, os porcos e a polícia, cidadãos afluentes e os migrantes menos afluentes de origem irlandesa, inglesa e afro-americana, homens e mulheres se confrontaram, verbal e fisicamente,

36 Thomas Macho, *Schweine: Ein Porträt*, Naturkunden 17, ed. Judith Schalansky (Berlin: Matthes & Seitz, 2015), 9ss.

acerca dos problemas causados pelo livre movimento de porcos em espaços públicos e da importância da cidade como um bem comum. Tais confrontos abarcaram propostas de legislação e brigas de rua, cartas ao editor e petições, campanhas de desinformação e tentativas de desmobilização.

Naquela época, migrações e relações de classe reordenavam a topologia urbana de Nova Iorque. A cidade crescia rapidamente, o que logo fez com que bairros, antes espacial e socialmente distantes uns dos outros, tenham passado a confinar, tornando, também, confinantes e próximos os modos de vida específicos das diferentes classes. Ainda sob o domínio holandês no século XVII, diversos decretos visavam regulamentar os incômodos causados pela livre circulação dos porcos, mas, em sua maioria, foram ignorados.[37] Em tempos adversos para a economia, como após a Guerra de 1812, o número de porcos aumentou vertiginosamente, pois tornou-se um meio fácil de renda extra para as classes mais baixas: era possível não apenas comer os porcos, mas também vendê-los aos açougueiros locais. Em comparação a outros animais de criação, o cuidado com os porcos exigia pouco trabalho: no ambiente urbano, os porcos buscavam o seu próprio alimento e voltavam para casa à noite, por conta própria. As andanças dos porcos eram eminentemente bem-sucedidas e até importantes para manter a cidade limpa. Na época, a limpeza das calçadas dependia da iniciativa privada, não era considerada uma função da administração municipal.[38] Resultado disso era que, nos bairros mais pobres, onde praticamente

---

37 Paul A. Gilje, *The Road to Mobocracy: Popular Disorder in New York City, 1763–1834* (Chapel Hill: University of North Carolina Press, 1987), 228.

38 Howard B. Rock, "A Delicate Balance: The Mechanics and the City", *New York Historical Quarterly* 63 (abril de 1979), 93–114.

não havia quem fizesse a limpeza em frente aos edifícios, muito lixo se acumulava. Os porcos reduziam esses rejeitos e assim, paradoxalmente, deixavam as partes menos afluentes da cidade mais limpas. Os porcos eram "a vergonha da cidade e, no entanto, seus únicos lixeiros competentes".[39]

Nos anos que se seguiram à Guerra de 1812, quando o número de porcos em Nova Iorque cresceu para, aproximadamente, 20.000 (diante de uma população humana de cerca de 100.000), aumentou a pressão dos círculos melhor situados para expulsar os porcos de Manhattan.[40] A moral, os olhos e os narizes da multidão cultivada estavam, visivelmente, irritados. Nova Iorque havia-se tornado um grande "chiqueiro".

Em 1816, Abijah Hammond, um dos donos de terras e comerciantes mais ricos da cidade, teve sucesso em conseguir que duzentos prósperos oponentes dos porcos assinassem uma petição exigindo a remoção de todos os porcos que circulavam livremente. Após repetidos adiamentos, a portaria proposta foi colocada em votação no ano seguinte, mas não obteve a maioria dos votos. A razão para isso estava na resistência dos criadores de porcos que, quando souberam da proposta, rapidamente se uniram sob a liderança do limpador de ruas afro-americano Adam Marshall. Em dois dias, Marshall conseguiu que oitenta e sete pessoas, incluindo mulheres e apoiadores iletrados, assinassem uma contra-petição.

---

39 Charles Rosenberg, *The Cholera Years: The United States in 1832, 1949 and 1966* (Chicago: University of Chicago Press, 1962), 17, *apud* Hendrik Hartok, "Pigs and Positivism", *University of Wisconsin Law Review* 4 (1985), 899–935, 921.

40 Catherine McNeur, "The 'Swinish Multitude': Controversies over Hogs in Antebellum New York City", *Journal of Urban History* 37,5 (2011), 639–60, 640.

Seus contra-argumentos: com tal lei, os pobres não teriam mais o que comer no inverno e, ainda, as ruas ficariam repletas de lixo. Isso convenceu, principalmente, os conselheiros municipais dos bairros mais pobres, que não poderiam refutar tais argumentos e temiam perder a confiança de seus constituintes. A proposta de lei foi esmagada.

Esse processo veio a se repetir duas vezes, na forma de petições e contra-petições, propostas de leis e decisões revisadas. Nenhum lado poupou o outro: enquanto a facção anti-porcos zombava de um varredor de ruas afro-americano liderando mulheres e analfabetos, o grupo de Marshall retrucava que informantes estavam se infiltrando em seus bairros e roubando suínos para uso próprio. Marshall prevaleceu: os porcos continuaram a derrubar senhoras elegantes e a tumultuar as ruas.

Em 1818, em meio a tais conflitos, o mandato de um novo prefeito começou. Tratava-se de Cadwallader D. Colden, que se recusou a aceitar o impasse entre oponentes e defensores dos porcos. Colden, que vinha de uma das famílias mais velhas e bem estabelecidas de Nova Iorque, tinha sido nomeado pelo governador e, portanto, se importava muito menos do que os conselheiros municipais eleitos em equilibrar os interesses de vários grupos na cidade. Além disso, ele não temia perder o cargo tão cedo. Para realizar seu sonho de uma cidade livre de porcos, bancou uma estratégia de dominar a situação, levando aos tribunais casos específicos.

Naquele mesmo ano, uma oportunidade se apresentou: um açougueiro de nome Christian Harriet foi acusado de negligenciar o dever de supervisionar seus porcos, causando, assim, transtorno público. Harriet decidiu se defender e contratou um advogado. Na ocasião, o devido processo legal pode servir de exemplo:

> Van Wyck, Procurador do Distrito, começou o caso interrogando um certo Sr. Ames, vizinho de Harriet e, evidentemente, também criador de porcos que, relutantemente, admitiu que os porcos de Harriet haviam sido avistados nas ruas... Uma série de histórias de horror foi produzida, para mostrar os males causados pelos porcos nas ruas, como, por exemplo: (1) porcos atacavam crianças, (2) meninos se metiam em encrenca, ao montar nos porcos, (3) senhoras eram forçadas a ver suínos copulando à luz do dia, e (4) porcos defecavam nas pessoas. A defesa não chamou testemunhas.[41]

Sob pressão do prefeito, Harriet foi condenado por provocar um transtorno público. O fluxo contínuo de reclamações e cartas ao editor nos anos seguintes, no entanto, mostrou que a estratégia de condenar indivíduos, de acordo com o precedente de *O Povo vs. Harriet*, não foi particularmente bem-sucedida como medida de dissuasão geral.

Dois argumentos contra o livre trânsito dos porcos em Nova Iorque eram, frequentemente, mobilizados. A primeira objeção era a de que os porcos causavam uma impressão desfavorável aos visitantes de Nova Iorque. Isso, sem dúvida, estava correto, mas muitos visitantes se mostravam mais generosos do que o esperado, quando, em bem-humorada depreciação, eles identificavam os porcos com todos os estadunidenses e sua paixão pela carne de porco.

Outro argumento frequentemente evocado era o de que os porcos derrubavam mulheres bem vestidas e sujavam suas roupas de lama. De um ponto de vista feminista, esse era um argumento questionável, é claro, visto que muitos desses porcos pertenciam a mulheres que sustentavam a si mesmas, cuja sobrevivência — e não apenas o asseio temporário de suas vestimentas — seria ameaçada pela proibição da criação de suínos.

---

41 Hartok, "Pigs and Positivism", 905ss.

Tal argumento, no entanto, ajudou a mobilizar homens, que viram a si mesmos como heróis galantes: os porcos domésticos, semi-ferais, haviam-se tornado dragões modernos; aniquilá-los era um desafio para os cavalheiros de Nova Iorque.

Em seu livro *Taming Manhattan* (2014), Catherine McNeur argumenta que essa campanha contra os porcos envolveu ressentimentos de classe, vindos de cima e dirigidos aos bairros de trabalhadores, com seus moradores irlandeses, afro-americanos e migrantes – dentre eles, mulheres "indecorosas". Isso é, especialmente, evidente nas diversas caricaturas e nos versos, cartas e colunas satíricas nos jornais, em que os porcos e seus criadores – seus predicados considerados intercambiáveis –, se tornaram alvos de chacota.[42]

Revoltas de porcos

Em 1821, Stephen Allen, o prefeito que sucedeu Colden, produziu mais uma ofensiva. A estratégia de Allen foi ordenar que qualquer porco circulando livremente fosse capturado e levado, de imediato, ao asilo de pobres, onde seria preparado como refeição para os internos. Ao dar os porcos como comida aos mais pobres dentre os pobres, a intenção velada de Allen era a de suprimir as críticas de que a guerra contra os porcos era, também, uma guerra contra os necessitados. Tal estratégia fracassou, igualmente. Os apanhadores de porcos se depararam com a dura resistência oposta por centenas de donos de porcos, por seus porcos e por

42 Catherine McNeur, *Taming Manhattan: Environmental Battles in the Antebellum City* (Cambridge, MA: Harvard University Press, 2014), 23–44.

bairros inteiros, que se levantaram contra o rapto de seus animais: "Os locais atacavam os apanhadores de porcos com lama, comida podre, água quente e cabos de vassoura. Uma revolta havia começado. Os manifestantes eram um grupo diverso de mulheres e homens, em sua maioria composto por trabalhadores irlandeses e afro-americanos".[43]

Em resposta, o conselho municipal suspendeu a portaria nos distritos da cidade em que a resistência foi particularmente forte. Porém, tais "revoltas de porcos", como eram chamadas, continuaram a ocorrer. Em 1825, 1826, 1830 e 1832, a cidade foi abalada por numerosas revoltas que, em geral, se desenrolaram sob padrão similar: sempre que uma carroça fosse carregada de porcos confiscados, surgia um clamor por sua libertação, enquanto mais e mais pessoas do bairro se juntavam à cena. Se a demanda não fosse atendida, centenas de residentes bloqueavam as ruas e, por vezes, atacavam os apanhadores de porcos e os policiais que os escoltavam, abrindo as carroças e libertando os porcos que, rapidamente, se espalhavam em todas as direções.[44]

Vizinhos raivosos e porcos guinchando causavam alvoroço em bairros inteiros. A firmeza dos moradores frente aos policiais em serviço e o desprezo pela lei impressionava até os jornais: "Ademais, após o levante de 1830, um jornal reclamava que todas as pessoas que haviam atacado as carroças de porcos, bem como aqueles envolvidos em outro levante alguns dias depois, eram migrantes que não entendiam o sistema legal americano".[45]

---

43 McNeur, *Taming Manhattan*, 38. McNeur conjectura que, no mesmo ano, a restrição dos direitos civis de um grande grupo de insurgentes, os afro-americanos, limitou drasticamente a possibilidade de lidar, de forma diferente, com a caça aos porcos.

44 Gilje, *Road to Mobocracy*, 228s.

45 Gilje, *Road to Mobocracy*, 230.

Thomas F. de Voe, testemunha ocular de diversas revoltas de porcos, reportou uma típica briga envolvendo porcos em 1825, "em que os... apanhadores de porcos, bem como os policiais que os atenderam, ou eram despistados de suas presas, ou obrigados a desistir... [e] quase todas as mulheres, sem exceção, se juntavam para impedir que os seus favoritos se tornassem propriedade pública".[46] As reclamações dos nova-iorquinos ricos persistiram, mas os porcos, seus donos e os bairros que os protegiam tinham vencido a batalha e continuariam a fazê-lo, nas muitas rebeliões suínas ao longo dos anos seguintes.

Apenas um surto de cólera, em 1832, deu à administração municipal e aos cidadãos supostamente bem-intencionados o pretexto de que precisavam. Embora o cólera não tivesse nada a ver com os porcos, o pânico era tão grande que os apanhadores de porcos e suas escoltas policiais, finalmente, tiveram sucesso na caça aos porcos. Milhares de porcos foram raptados. O medo de que o cólera retornasse paralisou a cidade pelas próximas duas décadas, enquanto diminuíram tanto as reclamações sobre porcos vagando pelas ruas, quanto o número de suínos rebeldes. Só em 1849 as ruas das áreas "mais desenvolvidas" de Nova Iorque acabaram, totalmente, livres de suínos. Aquilo que as leis, a pressão da opinião pública, a polícia e os apanhadores de porcos não conseguiram alcançar acabou por acontecer com a ajuda de uma epidemia de cólera, da qual os porcos eram inocentes. Histórias médicas de horror, enfim, se provaram a arma ideológica mais poderosa do "despotismo sanitário"[47] para a desmobilização da multitude suína.

---

46 McNeur, *Taming Manhattan*, 40.

47 Nádia Farage, "No Collar, No Master: Workers and Animals in the Modernization of Rio de Janeiro, 1903–4", em *Transcultural*

Esta foi a expressão utilizada, repetidamente, para designar o conjunto de humanos e porcos resistentes, nas ruas e nas centenas de artigos e cartas ao editor: "multitude suína".[48] Em tal expressão, humanos e animais desobedientes foram unificados como um poder coletivo de resistência.

Plebe & porco

A expressão "multitude suína" havia sido cunhada, décadas antes, por Edmund Burke, precursor do conservadorismo político, em sua diatribe de 1790 contra as massas insurretas da Revolução Francesa – *Reflexões sobre a Revolução em França*[49]– e, mais tarde, tornou-se tão popular que alcançou as batalhas de porcos em Nova Iorque. Emprestando termos do Evangelho de Mateus,[50] Burke advertiu que a turba francesa deixaria os porcos pisotear tudo o que era valioso na civilização humana:

> Nada é mais certo do que o fato de que nossos costumes e nossa civilização, e todas as boas coisas que deles decorrem, dependem há séculos, na sua Europa, de dois princípios; e resultaram, sem dúvida, da combinação de ambos: quero dizer, o espírito do cavalheirismo e o espírito da religião ... Pois, agora, ela [a ciência] encontrará, como os

Modernisms, ed. Fahim Amir, Eva Egermann, Moira Hille, Jakob Krameritsch, Christian Kravagna, Christina Linortner, Marion von Osten e Peter Spillmann (Berlin: Sternberg Press, 2013), 110–20, 111.

48 McNeur, *Taming Manhattan*, 24.

49 O título completo é *Reflexões sobre a Revolução na França, e sobre os Procedimentos de Certas Sociedades em Londres Relativos àquele Evento. Em uma Carta que se Pretendia Enviar a um Cavalheiro em Paris.*

50 "Não deis aos cães as coisas santas, nem deiteis aos porcos as vossas pérolas, não aconteça que as pisem com os pés e, voltando-se, vos despedacem" (Mateus 7:6, Bíblia da Conferência Nacional dos Bispos do Brasil).

> seus protetores e guardiões, atirada ao lodo e lançada aos pés de uma ignóbil multidão.[51] [52]

Carl Fisher entende a imagem de Burke do suíno insolente como uma "ansiedade acerca do potencial disruptivo da insubordinação social e da política popular desregrada".[53] Para Burke, as forças social-revolucionárias da Revolução Francesa ameaçavam a ordem natural. Este novo mundo apenas inverteria as relações entre homem e mulher, entre as classes superiores e inferiores, de maneira terrível (um mundo caótico, ao modo de porcos correndo livremente). O porco era uma imagem desestabilizadora: "Para o conservador, a 'multitude suína' simbolizava a ameaça da democracia e a necessidade de manter o populacho sob controle; para o radical, a frase exemplificava táticas aristocráticas de descrédito e alimentava o desejo de retribuir na mesma moeda".[54]

Embora Burke, talvez, tenha sido imprudente em sua escolha de palavras – afinal, a expressão se tornou alvo para praticamente todo pensador e autor progressista da época, de Mary Wollstonecraft a Thomas Paine, levando até à fundação de um periódico que publicava poemas favoráveis à Revolução Francesa, cujo título era *Multitude Suína* – ele descreve corretamente a interpenetração das dimensões emocionais, físicas e cognitivas

---

51 [N.T.] A edição brasileira de E.Burke (*Reflexões sobre a Revolução em França*, Brasília: Editora Universidade de Brasília, 1982) optou por traduzir a expressão "*swinish multitude*" por "ignóbil multidão". Excetuando-se as citações textuais, será mantida a expressão "multitude suína", explorada pelo autor.

52 Edmund Burke, *Reflexões sobre a Revolução em França* (Brasília: Editora Universidade de Brasília, 1982), 102.

53 Carl Fisher, "Politics and Porcine Representation: Multitudinous Swine in the British Eighteenth Century, *Lit: Literature Interpretation Theory* 10,4 (1999), 303–326, 306.

54 Fisher, "Politics and Porcine Representation", 303.

naquela "multidão desregrada", como aqueles insurgentes que invadiram a Bastilha e marcharam para Versalhes, prosseguindo para executar o rei francês e a princesa Habsburgo a seu lado.

A fala de Burke sobre a multitude suína era tanto um substituto, quanto um prenúncio de algo que ainda não se discernia na espuma da história, porque estava apenas começando a emergir do mar dos antagonismos sócio-históricos: o proletariado. A multitude suína é, em Burke, uma figura monstruosa, porque o monstro perturba tanto a ordem natural quanto a ordem social, que o geram.

O monstruoso na multitude suína é caracterizado tanto pela mobilidade quanto pela ausência de lei, porque a multitude suína abandona a ordem das coisas. Sua monstruosidade, para Burke, é advertência e, ao mesmo tempo, presságio, consoante ao significado original da palavra latina "monstro".[55] É o nome que Burke dá ao que é inominável, uma vez que "a Revolução Francesa o fez deparar-se com uma nova entidade coletiva que começava a emergir no palco histórico – uma multitude 'turba' que, mais tarde, viria a se tornar o proletariado".[56]

55 [N.T. Inglesa] Segundo o Oxford English Dictionary, o étimo latino de "monstro" é monstrum, sendo "presságio" um de seus significados, derivado de monere, "advertir".

56 Mark Neocleous, *The Monstrous and the Dead: Burke, Marx, Fascism* (Cardiff: University of Wales Press, 2005), 5s. 20.

O Manifesto Comunista e o mercado de Smithfield

Stephen Eisenman nota que as palavras de Burke não são apenas metáforas mais ou menos bem-sucedidas, mas que trazem consigo o eco da agitação barulhenta, plebeia e pré-proletária do mercado de Smithfield.[57] O termo mais comum para as classes trabalhadoras na época era "multitude irreverente" [*giddy multitude*] ou "multitude vulgar". "Ambos foram usados desde os dias dos Stuarts, ensaiados durante a época da Guerra Civil Inglesa, e repetidos desde então".[58]

De modo significativo, Burke usou esse termo para expressar a ideia de que rebeliões e revoltas, em seu tempo, consistiam não apenas em pessoas que se comportavam como suínos (como na França), mas também de porcos e outros animais que se comportavam como pessoas. A real multitude suína era um termo para o caos revoltoso de humanos e animais, para o radicalismo político em tempos atribulados por conflitos sociais. De acordo com Eisenman, o mercado de Smithfield na Londres de 1790 pode ter providenciado a real inspiração para a expressão de Burke: "Por mais de uma década, uma guerra incipiente foi travada entre a elite inglesa e bois, porcos e ovelhas domésticos, com alguns radicais se juntando a esses últimos".[59]

Visto que o número de animais lá comercializados tinha se multiplicado vinte vezes em menos de um século, sem que qualquer espaço adicional tenha sido providenciado para eles, "em dias de mercado — às

57 Cf. Stephen Eisenman, "The Real 'Swinish Multitude,'" *Critical Inquiry* 42,2 (2016), 339–73.

58 Eisenman, "The Real 'Swinish Multitude,'" 349.

59 Eisenman, "The Real 'Swinish Multitude,'" 343.

segundas e sextas-feiras – tinha lugar um tumulto ruidoso de animais, veículos, comerciantes, prostitutas, ambulantes, saltimbancos, pedintes, rufiões e batedores de carteiras".[60] Animais mortos jaziam em todo lugar, enquanto outros eram chicoteados – muitas vezes a ponto de entrarem em pânico. No século XVIII, a expressão "um boi sobrecarregado do mercado de Smithfield" [*an over-driven ox from Smithfield Market*] se tornou sinônimo para alguém que tinha sido "provocado até o limite".[61] Muitas vezes, animais ou grupos inteiros deles se voltavam contra os vaqueiros e os pisoteavam. De fato, histórias de animais enfurecidos e descontrolados eram comuns nos jornais da época. Açular cães atrás de touros e caçar bois acabou se tornando um esporte popular.

Eisenman cita uma reportagem do *London Chronicle* de 1789 sobre os caçadores de bois como "ladrões confessos":

> Eles escolhem o boi mais selvagem do rebanho e enfurecem o animal o máximo possível, até que ele abandone o rebanho em perseguição a alguém da gangue. Após isolá-lo, eles desafiam os vaqueiros e os donos, e o fazem correr por muitas horas, atraindo a atenção do público enquanto os caçadores roubam tudo o que podem. Eles assustam as pessoas e levam embora seu butim.[62]

Em especial na década de 1790, esta tradição popular violenta e disruptiva ocasionou exaustivas reportagens nos jornais, que expressavam não apenas uma preocupação geral com tais situações potencialmente

60 Eisenman, "The Real 'Swinish Multitude,'" 344.

61 Eisenman, "The Real 'Swinish Multitude,'" 343, citando *Public Advertiser*, 10 de maio, 1790.

62 Eisenman, "The Real 'Swinish Multitude,'" 351, citando John Middleton, *View of the Agriculture of Middlesex: With Observations on the Means of Its Improvement* (London, 1798).

subversivas, mas também dedicavam muitas páginas ao medo de erosão da disciplina do trabalho, bem como o desperdício ou mesmo destruição da força de trabalho.

Se pessoas rebeldes e insurretas ritualizavam algo que sempre existiu (animais que explodiam em fúria, libertavam-se e fugiam), a caça aos bois, ocasionalmente, também tomava a forma de uma empreitada criminosa: os espectadores gritavam das calçadas ou tentavam fugir para locais seguros, enquanto os membros das gangues se moviam, calmamente, em meio à confusão, pegando objetos de valor dos bolsos dos distraídos. Às vezes, o popular esporte sangrento ou a empreitada criminosa (ou ambos, ao mesmo tempo) tornava realidade o animal que "se libertava" e a fuga era bem-sucedida: "Nesse cenário, eles podem ter sido terrivelmente abusados ou puderam descarregar a sua fúria e buscar a liberdade".[63]

O mercado de animais era um local de corpos e humores exaltados, em um tempo de inquietação política:

> Mas a preocupação com animais desenfreados e a caça aos bois era tanto sobre política quanto sobre segurança pública. O espetáculo dos bois, instigados por rufiões, correndo desenfreados pela Oxford Street ou pelo Strand, destruindo propriedades e derrubando pedestres, era a imagem genuína do caos social – o mundo de pernas para o ar –, temido por ambos, *Tories* anti-Jacobinos e *Whigs*.[64]

Eisenman se recusa a ver nisso metáfora, meramente:

> Argumentar que agressão dessa intensidade é meramente instintiva ou autonômica em animais, enquanto violência comparável é proposital ou política em seres humanos, é subestimar a profundidade cognitiva (ou autoconsciência) dos primeiros e superestimá-la nos segundos. De fato, sistemas autonômicos e somáticos trabalham em conjunto. Animais confinados, abusados ou prestes a ser mortos emitem feromônios de medo detectáveis por outros animais, pelos órgãos vomeronasais, que se encontram na

63 Eisenman, "The Real 'Swinish Multitude,'" 350.

64 Eisenman, "The Real 'Swinish Multitude,'" 352.

> base de suas cavidades nasais. Os animais ameaçados, por sua vez, produzem hormônios do estresse, que desencadeiam os clássicos e reconhecíveis sinais do medo: respiração e ritmo cardíaco acelerados, suor, fortes vocalizações, movimentos agitados e agressões físicas, tais como aquelas demonstradas pelos animais desenfreados do Smithfield. Tais reações que, por vezes, descrevemos como bater ou correr, têm também uma dimensão cognitiva. [...] A maioria dos animais de grande porte, para simplificar, sabe quando está feliz e quando está bravo.[65]

Quando Burke se refere, em suas *Reflexões sobre a Revolução em França*, às massas radicalizadas como uma "multitude suína", ele pode ter chegado mais perto do alvo do que, em geral, se lhe credita. Dor e afeto, ocasião e oportunidade, acrescidos dos grandes números, são as forças motrizes do protesto social. Marx e Engels escrevem no *Manifesto Comunista*: "Mas, com o desenvolvimento da indústria, o proletariado não apenas se multiplica; comprime-se em massas cada vez maiores, sua força cresce e ele adquire maior consciência dela".[66] Para Eisenman, isso é "uma observação tão biológica quanto sociológica, que pode ser aplicada a animais de trabalho ou domésticos, bem como a humanos".[67]

Curiosamente, o maior número de ferimentos causados pela caça aos bois coincidiu, precisamente, com o período de maior temor entre as elites acerca das repercussões da Revolução Francesa e da ascensão do radicalismo inglês. No mesmo período, em pinturas de crítica social, como *Promis'd horrors of the French Invasion, or forcible reasons for negotiating a regicide peace* (*Horrores prometidos pela Invasão Francesa ou Razões Forçosas para Negociar uma Paz de Regicídio*, 1796) de James Gillray, touros enfurecidos são retratados como parte

65 Eisenman, "The Real 'Swinish Multitude,'" 347.

66 Marx e Engels, *Manifesto Comunista*, 47.

67 Eisenman, "The Real 'Swinish Multitude,'" 348.

de cenários de revolta urbana. Antes disso, porcos em pinturas representavam paisagens prósperas, riqueza pessoal e propriedades seguras (o que, frequentemente, incluía um espécime particularmente bem-nutrido).

A situação dos porcos da classe trabalhadora na Inglaterra

No contexto da classe trabalhadora, o porco era não apenas parte de uma economia de subsistência, que tornava os trabalhadores menos dependentes dos caprichos do mercado de trabalho e da economia, mas também expressão das condições deploráveis em que viviam. Em sua denúncia sobre *A situação da classe trabalhadora na Inglaterra*, Friedrich Engels aponta que uma das peculiaridades das áreas que descreve era "o grande número de porcos que remexem o lixo nas ruas ou estão confinados em pequenas pocilgas no interior dos pátios".[68] As habitações da população irlandesa pareciam a Engels "sujas como chiqueiros[69] ... a cada vinte passos, lugares literalmente habitados por porcos", "que passeiam livremente".[70]

Em geral, assumia-se que trabalhadores que possuíssem porcos seriam levados à criminalidade, uma vez que, por lei, não era possível alimentá-los nas cidades. Em prol de seus porcos, os trabalhadores seriam forçados ao crime. Assim, Mark Neocleous conclui:

68 Friedrich Engels, *A situação da classe trabalhadora na Inglaterra* (São Paulo: Boitempo Editorial, 2007), 95.

69 [N.T. Inglesa] A palavra alemã *Schweinerei*, "pocilga" ou "chiqueiro", significa também "bagunça".

70 Engels, *A situação da classe trabalhadora*, 94, 95, 97.

> Não é um exagero dizer que o porco era, com efeito, parte da classe trabalhadora. O porco estava, portanto, no coração da política de classe. A proximidade do porco com o trabalhador encorajou a visão da classe dominante de que a linha entre a "classe trabalhadora respeitável" e a "classe criminosa" era impossível de ser traçada... Daí, para a classe dominante, o porco era um problema, por uma série de razões: ele criava a possibilidade do trabalhador ter algum tipo de subsistência sem o seu salário; era um indicador das condições dos bairros miseráveis; levava à má higiene; era simbólico de uma falta de vida civilizada e gerava uma propensão aos crimes contra a propriedade. Mais do que qualquer outra coisa, a proximidade do porco com o seu dono da classe trabalhadora urbana era para a burguesia uma evidência da condição suína do próprio trabalhador.[71]

Depois que Edmund Burke "reformulou" os porcos como parte das massas revolucionárias, facções republicanas e radicais adotaram disposições positivas em relação aos porcos. Em poemas e canções, em panfletos e mesmo em canecas, as massas rebeldes eram representadas elas mesmas como porcos, ou na companhia deles. No Museu de Brighton, na Inglaterra, está exposta uma caneca de cerveja fabricada na década de 1790 que mostra Burke discursando para alguns porcos. Na mão, ele segura um papel no qual está escrito "Pensamentos sobre a Revolução Francesa". De sua boca sai um balão de fala contendo uma rima: "Seus porcos, vocês que nunca foram à Academia, não devem fingir ser porcos com sabedoria"[72] [73]

---

71 Mark Neocleous, *The Universal Adversary: Security, Capital and "the Enemies of All Mankind"* (Abingdon/Oxon/New York: Routledge, 2016), 31.

72 [N.T.] No original: "*Ye pigs who never went to college, You must not pass for pigs of knowledge*".

73 Neocleous, *The Universal Adversary*, 26s.

Ativistas e educadores populares assumiram personagens suínos, como *Brother Grunther*, *Porculus*, *Gregory Grunter*, *Pigabus*, *Old Bristle Back*, *Gruntum Snorum* e *Spare Rib*.[74] Um periódico dedicado a questões de política e filosofia, de forma acessível às classes menos educadas, se autodesignava, orgulhosamente, *Carne de Porco, ou Lições para a Multitude Suína*. Olivia Smith aponta que "ao vividamente definir uma grande parte da população como bruta e inarticulada, Burke os provocou a se expressar".[75]

Na expressão pejorativa "multitude suína", muitos de seus alvos reconheceram como eram vistos por aqueles "de cima" – como traiçoeiros, ardilosos, indolentes, sujos, gananciosos, incultos, inarticulados e embrutecidos:

> Ser chamado de "suíno" em um discurso público, bastante divulgado – comparável à miríade de referências à "multidão" como vulgar, bestial ou monstruosa, frequentemente encontrada na literatura da elite – quebrou as velhas formas da subordinação e da deferência, pareceu libertar as pessoas, ao dizer o que elas, provavelmente, já sabiam acerca de como eram vistas "de cima"... A Revolução Francesa desloca o eixo moral e desperta uma audiência para a qualidade demonizadora da linguagem e da imagética. Ainda assim, em vez de internalizar o signo, em auto-aversão, muitos o tomaram como uma forma de reconhecimento. Esta retórica possuía uma qualidade [...][76]

Tal processo teve seu curso precisamente no momento em que poetas e pensadores clamavam por uma nova forma de lidar com os animais, às vezes por respeito humanista aos animais, às vezes, como parte da formação de uma moralidade de classe, por meio

74 Fisher, "Politics and Porcine Representation", 319.

75 Olivia Smith, *The Politics of Language*, 1791–1916 (Oxford: Clarendon, 1984), 81.

76 Fisher, "Politics and Porcine Representation", 320.

da literatura infantil.[77] Verdadeiros cavalheiros não torturavam animais. A falta de autocontrole exibida pelas crianças faria mal a elas, mais tarde, quando lidassem com os subalternos. Essa metáfora saltou das páginas para a vida real e se tornou parte do desenvolvimento da solidariedade com a situação dos animais.

O vegetarianismo de parte dos ativistas da época tinha um viés que pode surpreender, hoje. O ativista político John Oswald, por exemplo, havia viajado pela Índia e foi membro do Clube Jacobino por quatro anos; morreu defendendo a revolução em 1793. Seu proeminente amigo Thomas Paine assim se dirigiu a ele: "Oswald, você viveu tanto tempo sem sentir o gosto da carne que, agora, você tem um apetite voraz por sangue".[78] O único sangue que esse defensor da revolução queria consumir era o sangue dos inimigos da democracia, não de porcos, fossem eles livres ou enjaulados.

Multitudes além do Estado e do Povo

Para Neocleous, a multitude suína não está morta: não se pode apagá-la, seja histórica ou analiticamente. Ela abrange tanto os aspectos produtivos, quanto os aspectos destrutivos do trabalho vivo: "Podemos dizer que o proletariado é uma entidade que não pode ser morta, porque a ordem burguesa precisa dela para se

77 Veja-se, por exemplo, Darren Howard, "Necessary Fictions: The 'Swinish Multitude' and the Rights of Man", *Studies in Romanticism* 47,2 (Summer 2008), 161–78.

78 Eisenman: "The Real 'Swinish Multitude,'" 361.

manter viva, mas, como multidão, não pode ser assimilada à ordem estável vigente – ela é essencialmente desordeira".[79]

Os porcos, nunca completamente domesticados, tornaram-se o duplo desregrado dos insurgentes, por ocupar posição ambivalente na cultura e na sociedade: "Eles pertencem não apenas à casa, mas também à selva, à floresta e ao pântano; são considerados símbolos de fertilidade, mas também da morte e do cruzamento de fronteiras. Sua domesticação permanece precária".[80]

O conceito de multitude entrou em voga desde a publicação de *Império* de Antonio Negri e Michael Hardt, e de seu sucedâneo, *Multidão*.[81] Traduzida literalmente, a palavra latina *multitudo* significa algo como "quantidade". Em contraste a "massa" ou "multidão", ela não significa fusão em um todo mais amplo. *Multitudo* é diferente de "povo", na medida em que "povo" remete a uma nação. Distingue-se, ainda, de "população", dado que esta se entende como o objeto da atividade de governança biopolítica no interior de economias capitalistas. O termo "multitude" se contrapõe ao "Estado"; denota a produção de atos de resistência e

79 Neocleous, *The Monstrous and the Dead*, 34.

80 Macho, *Schweine*, 23.

81 Antonio Negri e Michael Hardt, *Império* (São Paulo: Editora Record, 2001); *Multidão: Guerra e Democracia na Era do Império* (São Paulo: Editora Record, 2005). Estas novas abordagens falam em pós-operaísmo, em um tempo em que teorias pós-estruturalistas eram cada vez mais aceitas, após a destruição de organizações operaístas na Itália e do exílio na França de muitos operaístas. A teoria pós-operaísta atribui peso hegemônico à produção imaterial e enfatiza os aspectos intelectuais e linguísticos da produtividade contemporânea. Veja Pascal Jurt, "Menschliche Bienen. Interview mit Yann Moulier Boutang zur Entstehung und möglichen Überwindung des 'kognitiven Kapitalismus'" [Human Bees: Interview with Yann Moulier Boutang on the Arising and Possible Overcoming of "Cognitive Capitalism"], *springerin. Magazin zur Kritik und Theorie der Kultur der Gegenwart* 4 (2014).

qualidades de resistência, por multiplicidades irredutíveis. A multitude é uma tempestade de paixões, relações e entendimentos que não pode ser reduzida ao número um — a soberania estatal do Leviatã, tal como a encontramos nos escritos de Thomas Hobbes. Se lemos em Hobbes, em justificativa para a soberania "de cima", que o homem é o lobo do homem, pode-se dizer, de uma perspectiva popular-porcina "de baixo", com igual justificativa: o homem é o porco do homem. A multitude é a forma da qual nenhuma autoridade estatal pode-se derivar: "mas, como todos os modos de ser, ela é ambivalente ou, poderíamos dizer, contém em si mesma tanto a queda quanto a salvação, tanto a aceitação quanto o conflito, tanto a servilidade quanto a liberdade".[82]

No mercado de Smithfield ou em Nova Iorque, a multitude suína - conceito e práxis viva de animais e humanos - mostrou o poder político e a resistência dos coletivos que incluíam animais.[83] Isso pode parecer um caso especial; no entanto, a resistência por parte daqueles que não são considerados cidadãos soberanos, em total domínio de suas faculdades mentais e físicas, é, na verdade, antes a regra do que a exceção.

Uma revolta dos nervos

Esse tipo de resistência inclui o "eu exausto" que, em face das exigências da modernidade e do ambiente de trabalho, perde interesse no próprio interesse: a depressão

82 Cf. Paolo Virno, *A Grammar of the Multitude for an Analysis of Contemporary Forms of Life*, trad. Isabella Bertoletti, James Cascaito e Andrea Casson (Los Angeles: Semiotexte, 2004), 26.

83 Veja também Matthew Chrulew, "Animals in Biopolitical Theory: Between Agamben and Negri", *New Formations* 76 (2012), 53–67, 59–63.

como a medida de emergência final do sujeito sobrecarregado não é um bom *slogan* para a organização política, mas aponta para formas de resistência das quais mesmo o sujeito afetado pode estar, inteira ou parcialmente, inconsciente.[84] Você se sente vazio e sem qualquer energia, nada mais faz sentido e uma total falta de motivação se instala. Às vezes, isso tem mais a ver com o capitalismo do que com a falta de exercícios físicos, a má nutrição, ou com a negligência em preencher listas de prioridades que o ajudem a ter controle sobre a vida.

Aquilo que nos soldados se chama transtorno de estresse pós-traumático (TSPT), uma interação de genética e influências sociais, também ocorre em porcos, conhecido por síndrome de estresse suíno (SES). Um sintoma da SES é a caudofagia, isto é, morder a cauda de outros porcos. Os porcos arrancam com mordidas aquelas caudas enroladas que a propaganda gosta de mostrar. Para lidar com esse problema, muitos leitões têm suas caudas cortadas por precaução, o que significa remover o último terço de suas caudas. Melanie Joy escreve:

> Outros sintomas incluem rigidez, respiração ofegante, ansiedade, pele manchada e às vezes morte súbita. Como humanos que passaram por confinamento solitário e outras torturas em cativeiro, os porcos têm se entregado à automutilação e têm sido vistos repetindo sem parar, às vezes milhares de vezes por dia, os mesmos comportamentos absurdos; os animais são literalmente levados à insanidade.[85]

---

84 Alain Ehrenberg, *The Weariness of the Self: Diagnosing the History of Depression in the Contemporary Age* (Montreal e Kingston: McGill-Queen's University Press, 2010).

85 Melanie Joy, *Por que amamos cachorros, comemos porcos e vestimos vacas*: *uma introdução ao carnismo* (São Paulo: Editora Cultrix, 2013), 44.

Se você não consegue se defender de qualquer maneira que seja, você enlouquece. E, aí, não há nada que eles possam fazer com você. Isso não quer dizer que pessoas (ou porcos) que estejam sofrendo de depressão e, portanto, se comportam de maneiras que as tornam inadequadas para o trabalho (ou para ser devorados), ajam de acordo com um plano. Em ambos os casos, trata-se de uma revolta do corpo e da mente contra o que é insuportável.[86]

Gramsci na era da biossegurança: espíritos de porco

Na era da gripe aviária, da doença da vaca louca e da peste suína, o corpo do animal industrial se distende, muito além dos estreitos limites do seu enclausuramento em uma fábrica de animais: o vento e a água carregam partículas microscópicas de saliva, sangue, fezes, sêmen e bactérias para o mundo exterior. Apesar de todas as regras de higiene, esses componentes animais se instalam nos ouvidos e narinas, sob as unhas e nos cabelos dos trabalhadores da indústria animal, espalhando-se por diversas instalações ou por diversos setores de uma só instalação, colocando, assim, em risco o precioso estoque de espécies animais da fábrica. Esse, ao menos, é o medo biocapitalista, que procura se proteger de tais contágios com medidas de "biossegurança".

O antropólogo Alex Blanchette conduziu pesquisa de campo nas áreas das Grandes Planícies, onde fica a maioria dos porcos nascidos e mortos nos EUA,

86 Cf. Joel Novek, "Pigs and People: Sociological Perspectives on the Discipline of Nonhuman Animals in Intensive Confinement", *Society & Animals* 13,3 (2005), 221–44, 229.

investigando os impactos sociais nas pessoas que lá trabalham.[87] No atual regime de biossegurança, os empregados precisam assinar contratos reconhecendo que dois trabalhadores das fábricas de porcos não podem conviver no mesmo bairro. Em regiões economicamente exploradas, isso significa desemprego ou separação de outros membros empregados da família, que pode durar anos. A sociabilidade dos trabalhadores e de suas famílias passa a ser, assim, uma fonte de perigo para o modo de vida precário do porco industrializado. Compartilhar uma cerveja ou um chá em um parque, o número diário de banhos, tornam-se o objeto de algoritmos de risco e de inspeções para o cumprimento de leis trabalhistas.

Com isso, o fenômeno que Gramsci identificou em conexão com o desenvolvimento da industrialização fordista – a inspeção do lazer dos trabalhadores por espiões industriais, de modo a assegurar que suas vidas familiares fossem ordeiras – chegou ao fim, na atual economia pós-fordista. Hoje, não ter uma vida familiar convencional é um pré-requisito para o emprego, mesmo nos níveis mais baixos da produção.

Você é parte da solução, parte do problema, ou parte da paisagem

De acordo com Blanchette, hoje, emerge uma agricultura biocapitalista que pode até mesmo atribuir um valor infinitesimal a cada porco individualmente, mas que coloca as atividades reprodutivas da espécie do

87 Alex Blanchette, "Herding Species: Biosecurity, Posthuman Labor, and the American Industrial Pig", *Cultural Anthropology* 30,4 (2015), 640–69. No que segue, as teses e resultados de Blanchette são apresentados; por questão de legibilidade, evitaremos descrições detalhadas e citações.

porco industrializado, como seu nascimento e crescimento, acima de valores burgueses-humanistas como a autonomia, a liberdade e a vida privada dos seres humanos. Assim, Blanchette qualifica as formas de trabalho vigentes, em áreas tais como as plantações de soja do Paraguai ou as regiões de produção de frutas da costa oeste norte-americana, de "trabalho pós-humano". Isso também complica a tese geocronológica do antropoceno, uma vez que o substituível indivíduo humano perde para as insubstituíveis e valiosas espécies do porco, da soja ou das frutas.

A pesquisa de Blanchette não visa desenvolver um pós-humanismo filosófico que critique as formas de produção capitalistas "de fora"; em vez disso, ela visa investigar as formas materiais de regimes de trabalho pós-humano no interior de práticas agro-capitalistas. Embora o esclarecedor trabalho de Blanchette, publicado em 2015, represente o estado da arte na pesquisa antropológica nesse campo, ele apresenta algumas fragilidades epistemológicas. Ao apresentar sua pesquisa em uma conferência em Detroit na qual eu estava presente,[88] Blanchette incluiu fotografias de um fenômeno que, aparentemente, não é incomum na produção de porcos. As fêmeas, que são forçadas a parir incessantemente, podem apenas se deitar ou se levantar em suas jaulas, mas nunca podem se virar para fazer contato social com sua prole. Elas tentam, repetidamente, colidir contra as hastes metálicas à sua frente, por vezes até sucumbirem aos seus ferimentos, o que é raro ocorrer, graças à engenhosa tecnologia das jaulas.

Blanchette considera esse fenômeno um tique nervoso decorrente das condições repressivas nas quais os porcos são mantidos. Nunca lhe ocorre que isso poderia

88 The Society for Cultural Anthropology (SCA) Biennial Meeting, "The Ends of Work", Detroit, maio de 2014.

ser uma forma de resistência, o último recurso da porca mãe: uma tentativa de suicídio. A resistência da antropologia à ideia da resistência suína talvez seja grande demais.

Contrariamente à tese muito discutida de Alain Ehrenberg, segundo a qual a modernidade teria gerado um excesso psicofísico de autonomia, surge a suspeita de que o caso de tais porcas reprodutoras seja exatamente o oposto: não há nem mesmo a liberdade de se virar, por um momento, na direção do único propósito da sua existência – seus próprios leitões.

Em seu estudo do suicídio na modernidade, *Das Leben nehmen* (Tomar a própria vida), Thomas Macho pergunta: "Os animais realmente não podem cometer suicídio?"[89] Sua resposta é, no mínimo, inequívoca:

> A última demarcação de fronteira entre seres humanos e animais – na forma de tese de que os seres humanos são o único animal capaz de cometer suicídio – é um efeito recursivo, como que o resultado final de uma série de guerras e demarcações contra os animais, e contra a própria animalidade dos humanos.[90]

89 Thomas Macho, *Das Leben nehmen: Suizid in der Moderne* (Berlin: Suhrkamp, 2017), 28.

90 Macho, *Das Leben nehmen*, 30. Para uma análise profunda da noção da guerra como uma descrição adequada das relações humano-animal, veja-se Dinesh Wadiwel, *The War against Animals* (Leiden: Brill Rodopi, 2015).

O NASCIMENTO DA FÁBRICA

Até na morte, o porco recusa submeter-se à máquina.

– Siegfried Giedion

Nos escritos do sociólogo Max Horkheimer, há uma imagem conceitual que porta o simples título de "Arranha-céu". Nesse texto curto, Horkheimer encapsula o seu entendimento da sociedade na imagem arquitetônica da catedral do capital, o arranha-céu. No topo, Horkheimer posiciona os vários grupos de administradores e proprietários, lutando uns contra os outros. Abaixo deles, instalam-se as elites políticas, militares e acadêmicas, seguidas por comerciantes, proletários e enfermos. Mais abaixo, encontra-se a massiva miséria colonial, que transcende todo o entendimento, até que o leitor chegue ao porão do arranha-céu.

> Embaixo dos espaços nos quais os *coolies* da Terra sucumbem aos milhões, apresentar-se-iam então o sofrimento inefável e inimaginável dos animais, o inferno animal da sociedade humana, o suor, o sangue, o desespero dos animais. [...] Essa casa, cujo porão é um abatedouro e cujo teto é uma catedral, de fato oferece, das janelas dos andares mais altos, uma bela vista do céu estrelado.[91]

91 Max Horkheimer, "O Arranha-céu", em *Crepúsculo: Notas alemãs (1926-1931)* (São Paulo: Editora Unesp, 2022), 106-107.

O arranha-céu como modelo não é metáfora inocente, em absoluto; antes constitui tópico controverso nos debates de planejamento urbano e arquitetura daquela época – especialmente, na Alemanha.[92] Vinda da tradição materialista, com a ideia marxiana da base econômica e da superestrutura social, a imagem significa não apenas que muitos animais sofrem terrivelmente no mundo dos humanos, mas que esse tratamento dos animais é um ensaio individual e social da dominação.

O parceiro intelectual de longa data de Horkheimer, Theodor Wiesengrund Adorno, na *Dialética Negativa*, seu principal trabalho filosófico, publicado em 1966, notou que o homem capaz de lembrar ter sido impactado por palavras como "Luderbach" (fossa para os mortos) e "Schweinstiege" (caminho para os porcos)

> estaria com certeza mais próximo do espírito absoluto que o capítulo hegeliano que promete esse espírito ao leitor para em seguida recusá-lo com ares superiores. Seria preciso revogar teoricamente a integração da morte física à cultura, mas não em favor da essência ontologicamente pura da morte, mas em virtude daquilo que o odor cadavérico exprime e sobre o que ilude a sua transfiguração em corpo morto.
> Um proprietário de hotel que se chamava Adão matou a pauladas, na frente do filho que gostava muito dele, ratos que saíam de buracos no pátio; foi segundo a sua imagem que a criança formou a imagem do primeiro homem.

92 Daí o popular livro de Lewis Mumford, *Sticks and Stones* (1924), um retrato da arquitetura norte-americana de um ponto de vista social e crítico, publicado por Bruno Cassirer em tradução alemã sob o título *Vom Blockhaus zum Wolkenkratzer* (Da Cabana de Madeira ao Arranha-céu). Bruno Fierl resume, concisamente, a conexão entre políticas de publicação e a paisagem emocional alemã: "Com aquele título ele acertou em cheio a imagem que os alemães têm dos Estados Unidos: ontem uma cabana de madeira, hoje um arranha-céu!" (Bruno Fierl, "Nachwort", em Lewis Mumford, *Vom Blockhaus zum Wolkenkratzer: Eine Studie über amerikanische Architektur und Zivilisation*, trad. M. Mauthner (Berlin: Cassirer, 1997; reimpressão da edição de 1925), 293–304, 301.) Não importava que cabanas de madeira pouco fossem mencionadas no livro. Para a autoconfiança alemã, arranha-céus norte-americanos eram tanto uma humilhação quanto um desafio.

> O fato de se esquecer disso, o fato de não se compreender mais o que se sentiu um dia ante a carrocinha de cachorro, é o triunfo da cultura e seu fracasso.[93]

Qualquer um familiarizado com o mundo semântico real, associado aos topônimos "Luderbach" e "Schweinstiege", entende mais do que se poderia conhecer no corpo-a-corpo com o conhecimento absoluto de Hegel. Isso parece algo enigmático, até mesmo para os padrões de Adorno; o que ele quis dizer?

Ambos os topônimos vêm da Frankfurt de Adorno. O "Luderbach" é um afluente da margem sul do rio Main, próximo a Schweinstiege – um termo antigo para uma área cercada próxima ao que, hoje, é o Aeroporto Rhein-Main de Frankfurt. Muito antes de Adorno nascer, os porcos eram, anualmente, levados ao "Schweinstiege", uma espécie de curral ou abrigo. Até serem reunidos, entretanto, os porcos viviam livres na floresta. Somente para a engorda, alguns deles eram cercados e, mais tarde, abatidos. A contenção e o confinamento dos porcos em "masmorras construídas pela sociedade",[94] por meio da crescente racionalização econômica da indústria agropecuária, já havia ocorrido, na época da juventude de Adorno. Uma vez que, para Adorno, o desenvolvimento da racionalidade moderna estava conectado à subjugação da natureza interna e externa, o desaparecimento de porcos que, outrora, saltitavam pela floresta configurava, a seu ver, certeza mais visceral do que a declaração de Hegel sobre o conhecimento absoluto.

93 Theodor W. Adorno, *Dialética Negativa* (São Paulo: Zahar Editora, 2009), 303.

94 Max Horkheimer, *Gesammelte Schriften*, vol. 7 (Frankfurt a. M.: Suhrkamp, 1985 [1959]), 104.

Na imagem da alienação dos adultos em relação à simpatia infantil por ratos e cães, encontramos o pensamento frequentemente articulado por Adorno e Horkheimer de que a gênese da subjetividade burguesa precisou endurecer as pessoas contra a excessiva ênfase "feminina" e a imitação "infantil": "A humanidade teve de se submeter a terríveis provações até que se formasse o eu, o caráter idêntico, determinado e viril do homem, e toda infância ainda é de certa forma a repetição disso".[95] Uma pessoa assim disciplinada, embora ser material e finito, enfrenta o desafio de uma natureza "em demasia"; daí a memória do seu nascimento "natural", compartilhado com os animais, permanecer um insulto estrutural contra o ego narcisista. Da mesma maneira, o cadáver humano se parece muito com cadáveres de animais, o que responde por tantos rituais, que visam transformar despojos humanos em um corpo, ou restos mortais de alguém. O "odor dos cadáveres" é repugnante porque nos lembra dessa corporeidade compartilhada.

Alhures, Adorno atribui a Bertolt Brecht a observação de que a cultura é um palácio "construído com cocô de cachorro".[96] A repugnância dos excrementos dos cães surge também, em certa medida, da consciência de que suas próprias excreções não são muito diferentes daquelas de qualquer cachorro, e de que sua corporalidade *derradeira* não é muito diferente daquela de qualquer animal moribundo. As manifestações da mente e os

---

95 Theodor W. Adorno e Max Horkheimer, *Dialética do Esclarecimento: Fragmentos filosóficos* (São Paulo: Zahar Editora, 1985), 56. Com tantas conquistas culturais internalizadas, atingindo o corpo, logo vem a reação. No fenômeno da projeção patológica, a própria frustração de prazer de uma pessoa – que se acumula pela repetição de normas orientadas por conquistas –, é descarregada violentamente sobre aqueles que parecem não subordinar sua sensibilidade a objetivos. Volta-se, com particular intensidade, àqueles que existem diante de você como "porcos preguiçosos", por assim dizer.

96 Adorno, *Dialética Negativa*, 303.

artefatos da cultura nos ajudam a, continuamente, nos esquecermos disso. O arranha-céu é, apenas, tal palácio da amnésia da condição compartilhada de criatura. O olhar para as estrelas, aparentemente eternas, nos consola em nosso conhecimento de que nós vamos, igualmente, nos decompor, um dia.

Porcópolis

A escolha de Horkheimer da imagem do arranha-céu de concreto talvez tivesse a ver com uma perspectiva pessoal, pois, de 1954 a 1959, ele foi professor visitante em Chicago, a cidade que, orgulhosamente, se auto-intitulou Porcópolis e, mais tarde, Cidade Bovina. Os nomes advêm do papel de Chicago como o maior abatedouro e processador de carne do mundo, a partir do final do século XIX. Chicago foi a cidade com os primeiros arranha-céus, financiados pelo dinheiro dos abatedouros e dos mercados de carne. Assim, o agora proverbial sofrimento dos animais a serem abatidos e seus corpos processados, era, de fato, a base econômica sobre a qual tais edifícios foram erguidos.

Uma vaca temperamental teria se envolvido nesses processos da história mundial. De acordo com a lenda local, o Grande Incêndio de 1871, que reduziu a cinzas um terço de Chicago, poderia ser atribuído a uma "vaca, até então, ordinária".[97] A senhora O'Leary, proprietária legal da vaca, estava tentando ordenhá-la, em uma noite de domingo de calor incomum, quando, com um coice

97 Hannah Higgins, *The Grid Book* (Cambridge MA: MIT Press, 2009), 1.

forte, a besta voluntariosa teria derrubado o lampião que iluminava o estábulo, desencadeando, assim, o incêndio infernal que consumiu pessoas, animais e estruturas.[98]

A reconstrução de Chicago, nos anos seguintes, ajudou a modernizar a cidade e atraiu arquitetos, que a viam como um laboratório para a inovação urbana. Por exemplo, eles projetaram o *Reliance Building*, precursor do "estilo internacional" que deixaria sua marca na estética da arquitetura do século XX. A disparada dos preços dos imóveis e as novas normas de segurança contra incêndios levaram, em 1884, à construção do primeiro arranha-céu do mundo, o *Home Insurance Building*, que também abrigava os escritórios do lendário empresário da carne, Philip Armour. Era dele a companhia de processamento de carnes cujo lema era "Nós alimentamos o mundo". Isso é mais do que um simples *slogan*: até a década de 1920, a *Union Stockyards* de Chicago, de fato, processava a maior parte da carne dos Estados Unidos, e isso era mais do que em qualquer outro lugar do mundo. A *Union Stockyards* alcançou tal sucesso, em razão de um frenético instinto de inovação, que a transformou em um laboratório para a modernidade.

De todo modo, as intuições e reflexões de Adorno e Horkheimer acerca das relações entre humanos e animais – que se encontram disseminadas em vários de seus escritos, mas concentradas na *Dialética do Esclarecimento* –, foram, por largo tempo, os resultados mais radicais e consistentes do pensamento marxista sobre o tema. Ainda hoje, sua reflexão é, altamente, estimulante, com a exceção de que, na teoria social de ambos, os animais sempre aparecem ainda mais deploráveis e objetificados do que os humanos nas sociedades industriais. Esses últimos se afiguram inescapavelmente

98 Veja Richard F. Bales, *The Great Chicago Fire and the Myth of Mrs. O'Leary's Cow* (Jefferson: McFarland, 2002).

presos na extensa cadeia de ilusões da indústria cultural, em particular, e na sociedade de classes, em geral. É ainda pior para os animais, pois eles não têm o consolo da cultura da sociedade burguesa, por mais questionável que ela possa ser. Essa vitimologia extrema pode ter algo a ver com a tendência de Adorno e Horkheimer ao pessimismo cultural acerca da mudança nas sociedades modernas; com seu entendimento um tanto elitista da política; com sua orientação institucional; ou, por fim, com o fato de que, treinados em filosofia, eles terão acumulado demasiada bagagem humanista-liberal em suas viagens intelectuais. Em qualquer caso, a história parece, para eles, o resultado inexorável de ideias filosóficas que sempre carregam consigo a semente do terror. Para os animais, tudo é ainda mais assustador e sem esperança.

A mecanização toma o comando

Outro livro, escrito por volta da mesma época da *Dialética do Esclarecimento* de Adorno e Horkheimer, pode lançar luz sobre aspectos negligenciados dessa mistura: *Mechanization takes Command*, de Sigfried Giedion (1948).[99] Giedion, que estudou engenharia mecânica em Viena e história da arte em Munique, encarnava o tipo ideal modernista, um engenheiro bem versado em história da arte. Ele foi, por muito tempo, secretário geral do Congrès Internationaux d'Architecture Moderne (CIAM, Congresso Internacional de Arquitetura Moderna) e considerado um embaixador do alto modernismo internacional. Gerações de estudantes de arquitetura leram os seus livros. Stanislaus von Moos escreve

99 Sigfried Giedion, *Mechanization Takes Command: A Contribution to Anonymous History* (New York: Oxford University Press, 1948).

no posfácio da tradução alemã: "*A Mecanização toma o Comando* não é um livro *sobre* a modernidade – é um livro *da* modernidade".[100]

O projeto que Giedion desenvolve é concebido como "uma contribuição para a história anônima", subtítulo do livro. Ele está interessado em invenções e incontáveis avanços em processos técnicos que, embora tenham permeado nossa cultura cotidiana, não podiam indicar um criador famoso. "O inventor como um herói desaparece em uma vasta multidão de comerciantes, mecânicos, obscuros empresários e engenheiros", escreve Hans Magnus Enzensberger.[101] Tal como *Mechanization takes Command* de Giedion, a *Dialética do Esclarecimento* foi escrita no exílio nos Estados Unidos. Apesar de enormes diferenças entre as duas obras, faz sentido tomá-las em relação: na *Dialética do Esclarecimento*, são, também, um tema central os efeitos da mecanização e padronização industrial na constituição da subjetividade, diante dos desenvolvimentos estéticos nos Estados Unidos, enquanto forma especialmente avançada de socialidade capitalista.

Para Douglas Tallack, o pessimismo cultural de Giedion é menos extremo do que aquele de Adorno e Horkheimer, devido à diferença entre suas áreas de estudo cultural: "A arquitetura é uma forma de arte material, e a arquitetura e o planejamento pertencem mais ao domínio público do que a literatura ou a música, às quais os membros da escola de Frankfurt tendem a

100 Sigfried Giedion, *Die Herrschaft der Mechanisierung. Ein Beitrag zur anonymen Geschichte* (Frankfurt a. M.: Europäische Verlagsanstalt, 1982), 782.

101 Hans Magnus Enzensberger, "Über S. Giedion 'Die Herrschaft der Mechanisierung,'" *Der Spiegel*, 7 de fevereiro, 1983, 196–201, 199.

recorrer como baluartes estéticos contra a cultura de massas, particularmente contra a cultura de massas estadunidense".[102]

Giedion trata da mecanização de ofícios simples e complexos – da metalurgia, agricultura e produção de alimentos ao *design* de móveis, aparelhos domésticos e banheiros. Giedion não pretende ser exaustivo; pelo contrário, as tentativas de mecanização são vistas em estudos de caso exemplares agrupados por tópicos, com uma esmagadora abundância de material empírico e artefatos visuais. Como um participante apaixonado de movimentos contemporâneos, a imparcialidade não fazia parte de suas intervenções jornalísticas – Giedion escrevia não como um especialista neutro acerca de uma práxis diferente de suas próprias investigações, mas como um proponente do movimento modernista. Isso se mostra no modo pelo qual, "generosamente", áreas importantes da mecanização não são discutidas (p.ex., equipamentos militares, fotografia) ou apenas tratadas superficialmente (arte, arquitetura).

Suas histórias tecnológicas das tentativas, por vezes audaciosas, de mecanizar a sova, a panificação ou a ceifa produziram, também, uma "História da Resistência do Vivente", do "orgânico", contra tentativas de mecanizar seu processamento no capitalismo emergente. Por exemplo, Giedion descreve a constituição altamente complexa da farinha e da massa que, por muito tempo, impediu a mecanização da produção de pão; usando uma ampla variedade de fontes, ele documenta as diversas tentativas de dominar, mecanicamente, o pão. Apesar de a genealogia da mecanização de Giedion, com suas muitas reservas, ser uma leitura extremamente

---

102 Douglas Tallack, "Sigfried Giedion: Modernism and American Material Culture", *Journal of American Studies* 28,2 (1994), 149–67, 157.

interessante e recompensadora, mesmo setenta anos após sua publicação, sua ideia de que todas as tendências mecanizadoras dos dias atuais remontam à Idade Média não é muito convincente.

As passagens que foram enfatizadas por muitos comentaristas e que, ainda hoje, se mostram as mais fascinantes no livro, são aquelas devotadas à resistência dos animais contra sua integração à mecanização. Essas observações estão concentradas em um capítulo que exerce um papel especial em *Mechanization takes Command*, cujos detalhes serão apresentados a seguir: "Mechanization and Death: Meat (Mecanização e Morte: a Carne)".[103]

Esse capítulo não apenas contrasta estruturalmente com as demais partes do livro, mas é, também, seu ponto central dialético. A tese de Giedion acerca da resistência do vivente à mecanização chega à sua conclusão mais afiada na resistência de animais vivos e mortos ao abatedouro mecanizado. Ela também revela quão sombria é a sociedade industrial, pois se o sol se reflete em uma colher de café, como afirma a divisa do livro, os horrores do século XX, por sua vez, lançam sua longa sombra a partir dos abatedouros de Chicago, cujos lucros construíram os primeiros arranha-céus modernos do mundo.

---

103 A relevância do capítulo para o projeto de *Mechanization takes Command* como um todo é destacada pelos *designs* para a sobrecapa do livro. O próprio Giedion encarregou-se da seleção e do posicionamento das diversas imagens no livro e conseguiu atrair Herbert Bayer para a sua realização. Ele trabalhou no *design* da sobrecapa com Stamo Papadaki que, assim como Giedion, era ativo na CIAM. Três dos esboços tematizavam o encontro entre corpos orgânicos e a mecanização em montagens em que"desenhos técnicos do século XIX se sobrepunham a um plano fechado em vermelho brilhante de um pedaço de carne" (Werner Oechslin e Gregor Harbusch, *Sigfried Giedion und die Fotografie. Bildinszenierungen der Moderne* (Zürich: Institut für Geschichte und Theorie der Architektur, 2010), 268.

O laboratório mundial da modernidade capitalista

Antes de Chicago, Cincinnati constituía o centro do comércio e do abate de animais nos Estados Unidos.[104] Para cumprir esta função, foram essenciais o acesso de Cincinnati a hidrovias e sua posição geográfica, no centro-norte dos Estados Unidos: ambas características possibilitaram, pela primeira vez, uma grande separação espacial entre a produção e o consumo. A relação entre o capital, o tempo de deslocamento e a reprodução biológica tornou-se mais estreita do que nunca. Sucessos na reprodução produziram animais que estavam prontos para o abate já no seu segundo ano de vida. Se, antes, os verões gordos e os invernos magros tinham determinado os ritmos de vida e trabalho, tanto de humanos quanto de animais, a construção de elevadores de grãos e o uso de feno como ração permitiram que as temporalidades cíclicas e concretas da reprodução biológica se adaptassem, mais e mais, às temporalidades lineares e abstratas dos regimes capitalistas de acumulação.[105]

Os próprios animais também variaram: vacas de pernas compridas podiam ser transportadas por longas distâncias – sem perda de peso significativa, caso fossem cuidadas adequadamente. Os porcos eram animais ideais para assentamentos, uma vez que comiam qualquer coisa imaginável, ganhavam peso rapidamente e produziam prole abundante. Em contrapartida, os

---

104 Para um panorama do desenvolvimento da indústria estadunidense do abate antes e depois de Cincinnati/Chicago, veja-se Amy J. Fitzgerald, "A Social History of the Slaughterhouse: From Inception to Contemporary Implications", *Human Ecology Review* 17,1 (2010), 58–69.

105 Cf. Marco D'Eramo, *"The Pig and the Skyscraper": Chicago, A History of the Future* (New York: Verso, 2003).

porcos eram considerados mais teimosos e não muito cooperativos, em comparação ao gado bovino e, devido às pernas curtas, perdiam peso logo, nas longas distâncias. Por isso, não há *pigboys*, apenas *cowboys*. Era prática comum costurar as pálpebras de porcos especialmente teimosos, uma vez que sua socialidade os fazia seguir outros suínos, por onde fossem. Práticas culturais também tinham uma função no desenho dos processos: por exemplo, a carne de vaca era consumida, em geral, fresca; já a carne de porco era curada e consumida muito mais tarde, na forma de linguiça, toucinho ou presunto.[106]

O principal problema passava a ser o de que, sem qualquer intervenção humana, animais mortos seguiam o destino de toda matéria, o que tornava impossível seu consumo e sua comercialização. As condições geográficas, sociais e fisiológicas tornavam o começo do inverno a época de pico para a matança e o comércio, pois, nessa época, os animais usualmente alcançavam seu maior peso até o abate e, pouco depois, as hidrovias mal estariam navegáveis. Sobre o transporte de animais vivos e mortos, Giedion escreve:

> A carne era transportada sobre cascos ou enviada, salgada em barris, Mississippi abaixo. Mais tarde, quando Chicago entrou em ascensão nos anos sessenta, o gado bovino era carregado em vagões de carga, em direção ao Leste; por fim, no começo dos anos oitenta, o sistema de abastecimento de hoje foi estabelecido, e vagões refrigerados distribuíram as carcaças limpas aos vários centros de consumo. A partir desses primeiros tempos, desenvolveu-se a maior indústria dos Estados Unidos em faturamento, 3.3 bilhões de dólares (em 1937), e com uma produção de cerca de 20 milhões de quilos por dia.[107]

---

106 Cf. Dominic A. Pacyga, *Slaughterhouse: Chicago's Union Stock Yards and the World It Made* (Chicago: Chicago University Press, 2015), 30–61.

107 Giedion, *Mechanization Takes Command*, 214.

A ascensão de Chicago como a metrópole global da carne, em escala que ultrapassou em muito Cincinnati, começou no início da década de 1860, quando trens puderam carregar os animais, ao mesmo tempo em que surgiam as fábricas de processamento de carne. Em 1875, foi introduzida uma nova lata em que a carne podia ser pressionada e preservada, "em uma condição palatável... cozida, pronta para ser fatiada e servida".[108] Sob o nome comercial de "carne em conserva", essa carne prensada sobrevive até hoje. Embalada sem ossos ou cartilagens em um recipiente pequeno e prático, a carne enlatada, devido a seu peso, trouxe uma economia no transporte, proporção de um para três, em comparação à carne fresca – aproximadamente, a mesma proporção da carne refrigerada em relação aos animais vivos.

Na terceira fase da ascensão de Chicago, no começo da década de 1880, os vagões refrigerados possibilitaram a entrada nos mercados nacionais e globais. Daí por diante, a carne, abatida a centenas de quilômetros de distância, custava menos do que produtos locais de qualidade: o açougueiro deixou de ser negociante para se tornar vendedor, e o setor de processamento de carnes tornou-se uma indústria global – a maior de sua época.

No início, os preços mundiais dos grãos eram determinados no *Exchange Building*, em Chicago, que logo se tornou o maior centro de distribuição de animais e produtos animais processados. Deste ponto, conexões com produtores de grãos, criadores de gado e abatedouros criaram um novo tipo de rede, que passou a controlar o movimento e o processamento de carnes em todos os Estados Unidos e, em última instância, alterou o comportamento de consumo de milhões de pessoas, por meio de fluxos de trabalho refinados e novas tecnologias de refrigeração.

108 Giedion, *Mechanization Takes Command*, 224.

O resultado foi uma crescente interpenetração entre a cidade e o campo — o gado bovino, em longas viagens pelo Texas; ranchos surgidos no Wyoming; cidades dedicadas à pecuária no Kansas; e pastagens no Illinois

> [...] tornaram-se todos ligados em uma nova paisagem animal, governada tanto pela economia quanto pela ecologia. Considerada em abstrato, era uma paisagem em que a lógica do capital havia refeito a natureza e ligado lugares distantes para produzir uma nova e profunda integração entre o espaço biológico e o tempo do mercado... As vidas dos animais haviam sido redistribuídas ao longo do espaço regional, pois eles nasciam em um lugar, eram engordados em outro e abatidos ainda em um terceiro.[109]

A combinação da tecnologia de refrigeração e do transporte ferroviário emancipou os abatedouros das áreas ao seu redor. Os animais não precisavam mais ser enviados vivos, para, daí, serem mortos e desmembrados em diversas localidades. Agora, uma única indústria integrada e lucrativa podia inspecionar, comprar, matar e desmembrar animais em um local e enviá-los a açougueiros distantes, que passavam a se encarregar apenas do processamento final e das vendas no varejo.

Transportar somente as partes mais lucrativas dos animais, em vez do corpo inteiro, reduziu os custos de transporte e minimizou as perdas de animais. Assim, não se perdiam recursos devido ao superaquecimento dos animais no transporte, nem se diminuíam os lucros diante da recusa dos animais transportados em se alimentar. Ferimentos causados por outros animais durante o envio, também, puderam ser evitados: "A carne como dinheiro se tornou a nova e dominante equação".[110]

---

109 William Cronon, *Nature's Metropolis: Chicago and the Great West* (New York: W.W. Norton, 1991), 224.

110 Michael Malay, "Modes of Production, Modes of Seeing: Creaturely Suffering in Upton Sinclair's The Jungle", em *American Beasts: Perspectives on Animals, Animality and U.S. Culture*, 1776–1920, ed. Dominik Ohrem (Berlin: Neofelis, 2017), 123–49, 146.

E, assim, o mais importante centro para o tráfico de corpos animais tornou-se o maior abatedouro do mundo. A produção de carne – até então, usualmente, local e descentralizada – tornou-se a indústria mais centralizada e internacional do mundo.

O espaço da produção e reprodução biológica, com suas rugosidades temporais e geográficas, tornou-se o espaço aberto da produção baseada no mercado. A lucratividade cresceu, não só por maior eficiência na produção animal, mas por seus benefícios colaterais: grandes quantidades passaram a acumular-se de forma centralizada, tornando *possível* e até mesmo *necessário* comercializar, lucrativamente, subprodutos que, antes, eram negligenciados no abate descentralizado. William Cronon, que analisou os registros contábeis do barão da carne Armour, chegou a uma conclusão surpreendente: "Somente ao vender os subprodutos, os embaladores puderam transformar em lucrativa uma transação deficitária".[111]

Em Cincinnati, a maioria das partes do porco — com exceção do presunto, lombo, barriga e costelas — era, após o desmembramento, lançada no rio Ohio. Em Chicago, a lógica era reversa: os restos animais que, em qualquer outro lugar, eram lixo, ali, nos abatedouros, eram transformados em cola, banha, velas, sabão e pincéis que, então, podiam retornar como o tão importante rendimento do capital.[112]

Assim, apesar de todo o esforço, um único animal, praticamente, não trazia lucro. Até a carne de melhor qualidade seria, por si só, um mau investimento. Apenas a exploração da maior quantidade possível de partes – inclusive aquelas antes consideradas resíduos –,

111 Cronon, *Nature's Metropolis*, 251.

112 Cf. Nicole Shukin, *Animal Capital: Rendering Life in Biopolitical Times* (Minneapolis, MN: University of Minnesota Press, 2009), 68.

combinada à multiplicação aos milhões das suas quantidades agregadas, tornou multimilionários os barões da carne de Chicago.

O uso de, absolutamente, todas as partes dos animais em sociedades indígenas de pequena escala, que as pessoas, hoje em dia, gostam de contrastar com o desperdício da sociedade descartável, é, na verdade, quando se olha com maior atenção, a lógica da própria indústria capitalista, que, desde os seus primórdios, tornou-se lucrativa por meio de ganhos indiretos, a partir da exploração de rejeitos, em larga escala.

O nascimento da linha de montagem

O gargalo do começo do inverno – ponto em que os animais eram mais lucrativos e podiam ser transportados pelos rios após o abate –, levou, primeiramente, em Cincinnati, a grandes esforços para abater e desmembrar os animais com maior rapidez e eficiência. A partir de 1850, o abate e o desmembramento já estavam consolidados sob um mesmo processo: "Todos os demais elementos estavam subordinados à questão: como assegurar uma linha de produção ininterrupta?".[113]

Nenhuma outra área foi o foco de tantas tentativas de otimização quanto "aquela que visou incorporar o porco vivo a uma linha de produção".[114] Um atraso, nesse ponto, poderia paralisar toda a produção. Uma febre assolou *designers* e mecânicos: o objetivo, daí em diante, era mecanizar a própria matança e o corte dos animais. Giedion aponta para o alto número de pedidos

113 Giedion, *Mechanization Takes Command*, 216.

114 Giedion, *Mechanization Takes Command*, 232.

de patentes relevantes, da metade dos anos 1860 até o início dos anos 1880. Porém, a maioria dessas tentativas de aumentar a eficiência do abate e desmembramento de corpos animais, com máquinas para pegá-los, pendurar e esfolar, falhou, catastroficamente. Para Giedion, as máquinas, nos abatedouros, lembravam "instrumentos medievais de tortura", que não passavam em testes práticos.

Por diversas vezes, Giedion se pergunta por que a mecanização total – bem-sucedida, em se tratando de fiar, tecer, assar e moer grãos –, não teve sucesso na produção de carne. Não por falta de vontade ou inventividade, mas porque "uma substância orgânica complexa com suas contingências, alterações e estrutura vulnerável é muito diferente de um pedaço amorfo de ferro".[115]

Em livro publicado anteriormente[116], Giedion havia celebrado o século XIX, por sua arquitetura, engenharia estrutural e construção, e elevado o engenheiro a um novo herói, que trouxe à cena, também, um profundo vocabulário estético; no entanto, em se tratando da integração do animal na produção, tudo era diferente — Giedion admite prontamente: "Para antecipar a resposta: o engenheiro não emergiu vitorioso dessa disputa".[117] Quem havia colocado o herói do século XIX de joelhos? De acordo com Giedion, primeiro foi o animal vivo e, depois, o morto.

A inteligência dos engenheiros em simplificar o processo de pegar e içar, por meio de planos inclinados, fracassou devido à inteligência dos animais: "Mas

115 Giedion, *Mechanization Takes Command*, 232.

116 Sigfried Giedion, *Bauen in Frankreich, Bauen in Eisen, Bauen in Eisenbeton* (Leipzig: Klinkhardt & Biermann, 1928; reimpressão: Berlin: Gebr. Mann, 2000).

117 Giedion, *Mechanization Takes Command*, 232.

os animais logo ficam bastante desconfiados, antes de pisar no plano inclinado. Talvez até resistam a ser levados à passagem estreita".[118]

Desde que, praticamente, todas as tentativas de mecanizar a morte e o desmembramento dos corpos dos porcos tinham falhado, os esforços vieram a se concentrar no aperfeiçoamento do processo de trabalho humano. Por volta de 1870, em Cincinnati, pela primeira vez, um trilho móvel foi montado no teto, para arrastar os porcos por todas as etapas do processo de abate, com ajuda do seu próprio peso: havia nascido o protótipo da esteira rolante.

Cincinnati esteve "de início envergonhada de atribuir sua riqueza ao empacotamento de porcos" e, por isso, Giedion relata que sobreviveu apenas uma única evidência pictórica da linha de montagem, tecnologia emblemática do século XX:

> [...] uma pintura panorâmica, que os empacotadores de Cincinnati enviaram à Feira Internacional de Viena de 1873 e que [...] registra o processo do abate de porcos em todas as suas etapas, da captura do porco à fervura da banha. [...] Se a linha de montagem for definida enquanto um método de trabalho, em que o objeto é mecanicamente levado de operação em operação, então, aqui está, de fato, a sua origem.[119]

Enquanto em Chicago, nos anos 1850, aproximadamente 20.000 porcos eram mortos e desmembrados, por ano, no mesmo período, Cincinnati processou cerca de 330.000 porcos. O avanço na construção de ferrovias, a interrupção do comércio pela deflagração da Guerra Civil e a adoção da "linha de desmontagem" selaram

118 Giedion, *Mechanization Takes Command*, 233.

119 Giedion, *Mechanization Takes Command*, 95.

o destino de Cincinnati. Na Chicago de 1870 – a nova "Porcópolis" –, eram mortos e processados um milhão de porcos por ano.[120]

A invenção da linha de montagem nos abatedouros de Cincinnati é, para Giedion, a resposta para a resistência da corporeidade orgânica e subjetividade animal contra a mecanização industrial. Sobre o fenômeno comparável de animais fugindo de abatedouros, Markus Kurth escreve: "A resistência é, aqui, entendida menos como a resistência intencional a normas, mas sim como algo que corpos fazem — uma imprevisibilidade que resulta de falhas ou contradições no poder, de erros de implementação".[121]

Até na morte, os porcos resistiram à máquina

Não havia qualquer máquina capaz de matar e desmembrar um animal que não pudesse ser padronizado — olhos e mãos humanos eram indispensáveis. Assim, o foco mudou para o aperfeiçoamento do próprio processo, de modo a integrar os corpos animais à sua própria desintegração em larga escala.

120 Pacyga, *Slaughterhouse*, 66s. Sobre o desenvolvimento posterior da indústria estadunidense do abate, veja-se Dawn Coppin, "Foucauldian Hog Futures", *Sociological Quarterly* 44,4 (2003), 597–616; Novek, "Pigs and People"; Stephen Thierman, "Apparatuses of Animality: Foucault Goes to a Slaughterhouse", *Foucault Studies* 9 (2010), 89–110.

121 Markus Kurth, "Ausbruch aus dem Schlachthof. Momente der Irritation in der industriellen Tierproduktion durch tierliche Agency", em *Das Handeln der Tiere. Tierliche Agency im Fokus der Human-Animal Studies*, ed. Sven Wirth, Anett Laue, Markus Kurth, Katharina Dornenzweig, Leonie Bossert e Karsten Balgar (Bielefeld: Transcript, 2016), 179–209, 186.

O trabalho manual humano, que as máquinas não podiam substituir, dividido em operações individuais ao longo de uma esteira em movimento contínuo, tornou-se máquina de alta performance. Devido ao fato de a subjetividade e corporeidade animais recusarem a mecanização, os humanos que lá trabalhavam foram organizados como partes de uma máquina social. Giedion escreve:

> Até na morte, o porco, em grande medida, recusa submeter-se à máquina. Ferramentas mecânicas para aplainar o ferro, com a precisão de um milionésimo de polegada, podiam ser construídas por volta de 1850. Até os nossos dias, ninguém teve sucesso em inventar um mecanismo capaz de separar o presunto da carcaça. Estamos lidando, aqui, com material orgânico, sempre em mudança, sempre diferente, impossível de operar com cortadores giratórios. Daí, todas as operações essenciais da produção em massa de carne devem ser realizadas manualmente. Para a aceleração da produção, havia apenas uma solução: eliminar a perda de tempo entre uma operação e a seguinte, e reduzir a energia gasta pelo trabalhador na manipulação de grandes carcaças. As carcaças, penduradas em uma corrente em movimento contínuo, separadas por intervalos de vinte e quatro polegadas, avançam em procissão diante de uma fila de trabalhadores em pé, cada um dos quais executa uma única operação. Eis o nascimento da linha de montagem moderna.[122]

Antes de Cincinnati e Chicago, três ou quatro pessoas podiam matar e desmembrar um porco em cinco horas; a partir daí, mais de 160 pessoas estavam encarregadas de tarefas específicas na "linha de desmontagem" e a jornada do porco pelo abatedouro vertical passou a durar apenas uma fração do tempo anteriormente necessário. Giedion nota que, não por acaso, uma das poucas patentes que passou nos seus testes práticos foi a de um dispositivo para manipular o exterior do corpo do porco e remover-lhe os pelos: "Apenas em uma operação

---

122 Giedion, *Mechanization Takes Command*, 93–94.

a máquina foi introduzida com sucesso, ao menos parcial. Caracteristicamente, essa operação não era feita no interior do corpo. Tratava-se da operação de remover, mecanicamente, cabelos e pelos". Por vários processos, a operação de aplicar "pressão firme e elasticidade adaptável" ao corpo havia sido, finalmente, dominada.[123]

Depois que os porcos, com sua inteligência e sociabilidade, frustraram os planos dos engenheiros, o interior delicado dos seus corpos permaneceu um problema para a mecanização, posto que o maquinário o esmagava, tornando impossível sua comercialização. Os porcos resistiram, além da morte.

Da linha de desmontagem à linha de montagem

O ano de 1913 é, costumeiramente, considerado o ano de nascimento do fordismo quando, em Dearborn, Michigan, Henry Ford pôs em movimento a primeira linha de montagem. Ford tivera essa ideia depois de uma visita a um abatedouro de Chicago, que o impressionara profundamente – sobretudo, pela velocidade das correntes e ganchos que erguiam o "material" animal e o moviam, continuamente, para trabalhadores estacionários que realizavam, cada um, a mesma etapa, repetidas vezes.

Aplicando princípios de produção desenvolvidos por Frederick Winslow Taylor, o racionalizador do processo de trabalho, Ford desenvolveu um sistema similar para sua fábrica em Dearborn, com uma diferença: as instalações de produção automatizada de Ford aceleraram

123 Giedion, *Mechanization Takes Command*, 236–38.

a montagem de um corpo mecânico, em vez da desmontagem de um corpo animal. A esteira rolante foi transferida do teto para o solo, mas a divisão das operações foi mantida.

A história dos abatedouros revela que eles foram um laboratório para a modernidade industrial. São parte dos processos, definidores de uma era, que converteram tempo de vida em tempo de trabalho. As tecnologias físicas e sociais específicas, que deles derivaram, talvez possam ser melhor compreendidas com as ferramentas teóricas de um movimento político e científico, que também estava preocupado com a resistência da vida às restrições impostas pela indústria: o operaísmo.

A teoria operaísta atribuiu os desenvolvimentos tecnológicos da economia capitalista à resistência da força de trabalho vivo. Autonomia significa, primeiramente, autonomia em relação ao capital (bem como em relação aos partidos, sindicatos profissionais e outros grupos no interior da classe trabalhadora) dos trabalhadores mais avançados, ou seja, aqueles empregados nas seções mais modernas da produção industrial.[124]

O operaísmo emergiu como uma crítica da representação objetificadora do papel do trabalho vivo, durante o processo de modernização da Itália pós-guerra: a democracia social, os sindicatos e os movimentos comunistas negligenciaram os movimentos migratórios dos trabalhadores do sul da Itália que, arrancados da agricultura, foram lançados às mais brutais condições de trabalho nas fábricas modernas do norte da Itália.

---

124 Cf. Mario Tronti, *Workers and Capital* (London/New York: Verso, 2019); Steve Wright, *Storming Heaven: Class Composition and Struggle in Italian Autonomist Marxism*, 2ª ed. (London: Pluto Press, 2017); Martin Birkner e Robert Foltin, *(Post-)Operaismus. Von der Arbeiterautonomie zur Multitude* (Stuttgart: Schmetterling-Verlag, 2010).

Esses trabalhadores não levantaram demandas sindicais moderadas, mas, ignorados por todos, produziram formas inadaptadas de resistência, como a destruição do centro de Turim, em julho de 1962. O horizonte último de inteligibilidade da militância comunista pregressa era estreito para eles: quem iria querer "se apropriar" ou "tomar" uma fábrica tão brutal? A sabotagem ou o abandono eram reações mais óbvias. O operaísmo nasceu da teorização sobre tais lutas, bem como sobre as mudanças sociais e tecnológicas envolvidas. Os operaístas rejeitavam contemplar, extasiados, o desenvolvimento econômico: o trabalho vivo deveria ser a base para a estratégia e a política e não o capitalismo em si, como único agente poderoso. Foi somente a *reação* do capital às variadas formas de resistência da força de trabalho vivo (alegar doença; chegar atrasado; fazer pausas, etc.) e suas estruturas de desejo (não fazer o mesmo trabalho monótono todos os dias; não estar sujeito à rígida divisão de tempo pelo resto da vida; não ser o apêndice mudo da máquina; trabalho colaborativo, em vez de hierarquia rígida) que resultou em várias formas de modernização: o imperativo do aprendizado contínuo, a pressão por habilidades sociais e a onipresença do projeto de trabalho.

Em outras palavras: o capital, enquanto trabalho morto e suas dinâmicas técnicas, sociais e econômicas, não deveria mais ser considerado a única força geradora de mundo que predetermina as coordenadas do campo de batalha. Contra isso, o trabalho vivo deveria operar como um fulcro metodológico e a resistência (muitas vezes, à revelia dos sindicatos) à integração da vida humana na produção capitalista deveria ser elevada à posição de provocadora e originadora da modernização.

Cavalos loucos: Marx, o gestor, o picadeiro

Apesar do valor da ênfase operaísta na provocação, pela resistência, a processos capitalistas de modernização, erra um pouco o alvo ao detectar nada além de apropriação reativa, por parte do capital. O operaísmo é uma importante correção da priorização objetificadora da agência do trabalho morto (capital). As forças do operaísmo são, especialmente, evidentes no que diz respeito aos animais porque, em nada mais a continuidade zoo-política do trabalho vivo se mostra tão forte quanto na resistência dos animais.

Em *O Capital*, Karl Marx aponta como animais com raciocínio próprio causaram problemas para o processo de produção: "De todas as grandes forças motrizes legadas pelo período da manufatura, a força do cavalo foi a pior, em parte porque um cavalo tem sua própria cabeça, em parte por conta de seu alto custo e do âmbito limitado em que pode ser utilizado nas fábricas".[125]

Kendra Coult, especialista em estudos do trabalho, conta sobre cavalos resistentes, que mantêm o próprio raciocínio, mesmo em condições "ideais" de adestramento:

> Cavalos são seres vivos. Eles têm mentes que, em um dia qualquer, podem colocá-los em diferentes pontos em um contínuo entre cooperação e desobediência, mesmo depois de anos de treino substancial e intensivo. Eles têm humores que podem mudar dependendo do clima, de hormônios, de interações negativas com pessoas ou com outros cavalos, ou de inúmeros outros fatores. Eles têm corpos que podem sentir dor, desconforto, tensão, e assim por diante.[126]

---

125 Marx, *O Capital* [Livro I: O processo de produção do capital] (São Paulo: Boitempo Editorial, 2011.), 554.

126 Kendra Coulter, "Horse Power: Gender, Work, and Wealth in Canadian Show Jumping", em *Gender and Equestrian Sport:*

Recentemente, gestores têm aprimorado suas habilidades sociais em "treinos de liderança assistidos por equinos". A ideia simples sob este modelo de treinamento, atualmente em voga, é a seguinte: se você conseguir que um cavalo faça o que você quer, você pode fazer o mesmo com os seus funcionários. Apresenta-se, assim, como um produto experimental, novo e excitante do mercado do desenvolvimento profissional. É, na verdade, vinho muito velho em nova garrafa: em língua inglesa, o termo *manager* – em português, gerente ou gestor –, como a figura de liderança da organização, administração e supervisão, é forma substantivada de "to manage", "manejar". Em inglês, o termo surgiu no século XVI, no sentido de *treinamento* ou *adestramento de cavalos*, inspirado pelo francês *manège* (picadeiro).

Um cavalo que resiste totalmente ao adestramento, um ser completamente incapaz de ser manejado, teria que ser chamado de insano — ele seria um "cavalo louco".[127]

A objeção possível de que a resistência dos animais é uma questão de instinto é fraca demais ou forte demais. Seria dizer que os instintos são reflexos biomecânicos sem qualquer dimensão subjetiva — um cachorro seria, assim, quase como um robô peludo, que, apenas superficialmente, parece muito feliz quando o seu dono chega em casa. Ou seria reivindicar um processo complexo de impulsos biológicos e construção social, porque muitos animais são ávidos por brincar. Poder tomar parte em um jogo ou brincadeira, no entanto, supõe a habilidade de distinguir entre a realidade e a ficção, para suprimir

---

Riding around the World, ed. Miriam Adelman and Jorge Knijnik (Dordrecht: Springer, 2013), 165–81, 171.

127 Este cavalo não é apto a ser cavalgado por gestores viciados em otimização; ele está mais predestinado a declarar guerra a impérios. Crazy Horse era o nome do líder indígena que levou o Exército dos EUA a uma de suas derrotas mais devastadoras, na Batalha de Little Bighorn, em 1876.

impulsos, instintos e reflexos, ao menos por determinado tempo; caso contrário, nenhum jogo do mundo seria possível.

Ademais, todos os jogos requerem não apenas ater-se às regras, mas guardam sempre o potencial para o improviso, variando os gestos lúdicos envolvidos, isto é, criando algo novo.

Gorilas treinados

As novas formas de produção foram assunto de famoso ensaio de Antonio Gramsci, parte dos *Cadernos do Cárcere*, em que o autor introduziu o conceito de Fordismo. O texto com o título "Americanismo e Fordismo" (*Caderno* 4, 22), originalmente, intitulava-se "Animalismo e Industrialismo".[128] Nele, Gramsci formula a ideia de que a história do industrialismo foi uma luta contínua contra o elemento da "animalidade" nos humanos. Nesse contexto, cita Frederick Winslow Taylor, que falava do trabalhador como um "gorila amestrado". Nicole Shukin considera emblemática a primeira autocorreção de Gramsci do cabeçalho do seu texto – que retirou os animais e a animalidade da história do fordismo – para a teorização crítica da história do capitalismo:

> Localizar como a vida animal é colocada em uma circulação contraditória, como uma moeda tanto carnal quanto simbólica, implica o fordismo em uma lógica dupla de representação negligenciada por uma longa linha de crítica que toma o humano, na figura privilegiada do

128 [N.T.] Antonio Gramsci, *Cadernos do Cárcere, Volume 4: Temas de Cultura. Ação Católica. Americanismo e Fordismo*. Rio de Janeiro: Civilização Brasileira, 2015.

trabalhador, como o sujeito histórico focal do capitalismo industrial.[129]

A análise da realidade material e semiótica dessas relações poderia começar com a história social da tecnologia de Giedion, diante da qual, de modo libertador, as análises da Escola de Frankfurt parecem profundamente estranhas. A dupla de economistas australianas JK Gibson-Graham, em seu livro *The End of Capitalism (As We Knew It)* [*O Fim do Capitalismo (Como o Conhecíamos)*], aponta que, na construção da teoria crítica, o capitalismo assumiu a aparência de um meta-sujeito quase onipotente – o que, frequentemente, obscurece a visão da análise concreta de contextos econômicos e sociais, mais do que a auxilia.[130]

Portanto, o que é conhecido ainda está muito longe de ser compreendido. Em vez de afirmar, reflexivamente, que a resistência dos animais não é "completa" ou "verdadeira"- porque não pode ser aquilo que não deve ser –, devemos reafirmar o pleito materialista de Marx, o de que, de olhos abertos, confrontemos as condições dadas:

> Nada nos impede, portanto, de vincular nossa crítica à crítica da política, ao ato de tomar partido na política, ou seja, às lutas reais, e de identificar-se com elas. Nesse caso, não vamos ao encontro do mundo de modo doutrinário com um novo princípio: "Aqui está a verdade, todos de joelhos!" Desenvolvemos novos princípios para o mundo a partir dos princípios do mundo.[131]

129 Shukin, *Animal Capital*, 88. Para uma análise estimulante do texto de Gramsci, que o relaciona a fenômenos pós-fordistas como o movimento de liberdade sexual e a doença da vaca louca, veja-se Frigga Haug, "Gramsci und die Produktion des Begehrens", *Psychologie und Gesellschaftskritik* 22 (1998), 75–92.

130 JK Gibson-Graham, *The End of Capitalism (As We Knew It): A Feminist Critique of Political Economy* (Oxford, UK / Cambridge, USA: Blackwell Publishers, 1996).

131 Marx, "Cartas dos Anais Franco-Alemães (de Marx a Ruge)", 72.

Provincializar o humano

Por que os marxistas, via de regra, têm dificuldades para ver os animais como mais do que meros implementos? O grupo de estudos pós-coloniais *Subaltern Studies Group* trabalhou acerca dos modos pelos quais, no quadro da historiografia marxista indiana, certas formas de resistência de mulheres e de sem-terras foram apagadas. Aqui, os subalternos são aqueles cuja voz não é ouvida mesmo em sistemas marxistas de pensamento, porque ainda não há espaço na arquitetura desse pensamento, ou então tal espaço é estruturalmente excluído. Na racionalidade política de tais escolas a resistência daquelas pessoas não era inteligível.[132] Isso é violência epistêmica, a saber, violência estrutural, inerente a sistemas de pensamento. Em seu livro *Provincializing Europe* (2000), Dipesh Chakrabarty sustentou uma crítica da historiografia eurocêntrica de procedência marxista.[133] O argumento de Chakrabarty não é negar relações geopolíticas de dependência, mas antes colocar, não sem intenção, uma coroa de louros de cores sombrias sobre a cabeça do colonialismo e de seu legado. Isto é muito mais do que "demolir" a idealização da predação colonial, adotando a história triunfal em negativo, mas inalterada.

Em termos epistemológicos comparáveis aos colonizados, os animais não são apenas vítimas, mas também perpetradores. Os animais não se reduzem a objetos de maus-tratos, por parte dos humanos, sob o signo do capitalismo; são, antes, entidades biossociais, cuja história e lutas estão conectadas àquelas dos humanos,

---

132 Cf. o influente livro de Gayatri Chakravorty Spivak, *Pode o subalterno falar?* Belo Horizonte, Editora UFMG, 2018.

133 Dipesh Chakrabarty, *Provincializing Europe: Postcolonial thought and Historical Difference* (Princeton: Princeton University Press, 2000).

de modos diversos. Em solidariedade crítica ao projeto de descolonizar o pensamento, o que está em pauta, aqui, nada mais é do que seu desdobramento: a provincialização da humanidade como figura privilegiada e sujeito único da história e da política.

Animais migratórios

Hoje, o legado do colonialismo é, também, aparente em movimentos globais de migração. Em analogia política ao movimento pela autonomia da migração, é necessário articular a história dos animais no capitalismo a uma história de lutas. A migração foi, por muito tempo, considerada um mero jogo de fatores de "atração" e de "repulsão". Isso quer dizer que há fatores que "atraem" os humanos para fora do espaço de sua vida cotidiana, tais como desastres naturais e guerras civis, ou o neocolonialismo e a miséria que ele promove. A isso se somam fatores que "empurram" as pessoas em uma direção particular: o capital que precisa de força de trabalho, acordos nacionais de recrutamento de trabalhadores, e assim por diante. Entre esses dois pólos, a migração, enquanto força, deixa de existir; ela é movida, mas não move a si mesma, não tem vida própria, nenhum poder gerador de mundo. Migrantes comparecem, assim, como meras vítimas de poderes externos. Deixando a miséria em seu lar, quando eles chegam ao Ocidente, tudo que lhes resta é o McDonald's, o trabalho de cuidadores, e a hiper-exploração, em seu papel de achatar salários – ignorados por sindicatos e demonizados por partidos políticos. Uma continuidade do papel de vítima.[134] Isso, para não mencionar os traficantes de pessoas que, para completar, daí derivam lucros.

O movimento teórico e político pela autonomia da migração, no entanto, tenta considerá-lo sob a perspectiva da subjetividade daqueles afetados e de suas lutas.[135] A migração é um processo profundamente social; quem pode pagar um traficante de pessoas do seu próprio bolso? Famílias extensas ou metade de uma vila juntam seus recursos para fazê-lo.

Em trânsito, os migrantes continuam se comunicando entre si e com seus antigos lares, mantendo-se informados, trocando informações, tensionando as fronteiras dos impérios, tomando de assalto as fortalezas de "velhos" e "novos" continentes.

Isso não significa que tal processo seja, particularmente, humano, nem que não haja muitas vítimas. Os migrantes, por sua vez, decerto não são os novos heróis. Heróis parecem ser uma coisa do passado, de todo modo. Porém, quando, em Berlim, migrantes russos, discretamente, ocupam em massa prédios abandonados para sua moradia temporária, esse é um ato eminentemente político – ainda que não pendurem bandeiras nas janelas.

---

134 Para uma visão crítica, veja-se Rutvica Andrijasevic, "The Spectacle of Misery: Gender, Migration and Representation in Anti-trafficking Campaigns", *Feminist Review* 86 (2007), 24–44. E também Sabine Hess, *Globalisierte Hausarbeit. Au-pair als Migrationsstrategie von Frauen aus Osteuropa* (Wiesbaden: VS Verlag, 2009).

135 Cf. Etienne Balibar e Sandro Mezzadra, "Borders, Citizenship, War, Class: A Discussion with Etienne Balibar and Sandro Mezzadra", *New Formations* 58 (2006), 10–30; Manuela Bojadžijev e Serhat Karakayali, "Autonomie der Migration. 10 Thesen zu einer Methode", em *Turbulente Ränder. Neue Perspektiven auf Migration an den Grenzen Europas*, ed. TRANSIT MIGRATION Forschungsgruppe (Bielefeld: Transcript, 2006), 203–209; Manuela Bojadžijev, *Die windige Internationale. Rassismus und Kämpfe der Migration* (Münster: Westfälisches Dampfboot, 2008).

Tratemos, entretanto, dos traficantes de pessoas. São animais ou, ao menos, assim referidos:

> O coiote é mais do que um *canis latrans* na fronteira entre os Estados Unidos e o México. O termo designa também todos os "guias" comerciais, capazes de cruzar fronteiras internacionais e organizar movimentos migratórios ilegais e mobilidade indocumentada. Os marinheiros britânicos chamam os esquivos ajudantes dos passageiros clandestinos de "tubarões"; nas fronteiras greco-albanesas seu nome é "korakia" (corvos). Em chinês, são chamados "shetou" (cabeças de cobra): uma pessoa tão esperta quanto uma cobra, que sabe usar sua cabeça ágil para encontrar uma saída em situações difíceis.[136]

Para Dimitris Papadopoulos, Vassilis Tsianos e Niamh Stephenson, este "devir animal" também se verifica em outra direção, quando as pessoas destroem seus documentos de identidade, para dificultar identificação e deportação:

> Um corpo sem nome é um ser humano não-humano, um animal que corre. É não-humano porque abandona, deliberadamente, o regime de direitos humanista. A convenção do ACNUR (Alto Comissariado das Nações Unidas para Refugiados) para solicitantes de asilo protege os direitos dos refugiados em sua chegada, mas não em seu caminho. E nós sabemos que a chegada tem uma longa duração: a migração não diz respeito, de fato, ao momento da chegada, mas à viagem em seu conjunto e isso é, praticamente, a vida toda. Assim a migração resolve o enigma da chegada. Como os incendiários dizem, no filme de Leila Kilani (*Tanger, le rêve des brûleurs*, Marrocos/França, 2002), se você quiser cruzar a fronteira espanhola, não basta queimar seus documentos, você precisa se tornar um cão, tornar-se um animal.[137]

---

136 Dimitris Papadopoulos e Vassilis Tsianos: "The Autonomy of Migration: The Animals of Undocumented Mobility", em *Deleuzian Encounters: Studies in Contemporary Social Issues*, ed. Anna Hickey-Moody e Peta Malins (Basingstoke: Palgrave Macmillan, 2007), 225.

137 Dimitris Papadopoulos, Niamh Stephenson e Vassilis Tsianos, *Escape Routes: Control and Subversion in the 21st Century* (London: Pluto Press, 2008), 21.

Não se trata, somente, de uma relação oportunista dos animais com o Estado. Mais do que isso, os animais podem ir a qualquer lugar. Quando a Biosfera 2 foi construída no Arizona, a intenção foi a de construí-la como um sistema o mais autossustentável possível, como um mundo modelo, de modo a simular as condições em outro planeta. Tudo era controlado, tudo era monitorado. Apesar disso, as chamadas formigas-loucas deram um jeito de entrar, formando "super colônias", e se espalharam pela hermeticamente selada Biosfera 2. Até hoje, não se sabe como elas o fizeram.[138]

Desta forma, não parece recomendável colocar suas esperanças em um experimento científico de duzentos milhões de dólares. Não seria sensato, também, confiar por completo em traficantes de pessoas. No entanto, subestimar seu poder ou importância seria um engano de igual proporção.

Trata-se, portanto, de entender os animais como agentes resistentes em um conflito sem inocentes, antes que derrotados, por definição, da cultura e do capitalismo. Todo o conjunto de tecnologias de identificação e manipulação, de arquiteturas de controle e confinamento, de hormônios e suplementos de cálcio, de aviários e currais, de redes e iscas não seriam meros monumentos à sua miséria, mas prova de seu monstruoso poder.

---

138 William J. Broadnov, "Paradise Lost: Biosphere Retooled as Atmospheric Nightmare", *New York Times*, 19 de novembro, 1996.

ECOLOGIAS SUBTERRÂNEAS

O oncorrato devora Heidegger.

– Paul B. Preciado

Nas grandes cidades do mundo, quantidades enormes de hormônios naturais e artificiais fluem para os esgotos e, de lá, para as estações de tratamento, onde se acumulam em pequenos organismos, como vermes. Essas guloseimas rastejantes, cheias de hormônios, são pescadas nas estações de tratamento e comidas por aves. Pesquisadores da Universidade de Cardiff e do Instituto Max Planck em Seewiesen, Alemanha, estudaram os efeitos desses petiscos nos pássaros e descobriram coisas surpreendentes: os pássaros não adquiriram novos membros ou órgãos sexuais (como esperaríamos em um episódio de *Os Simpsons*) – longe disso, os estorninhos estudados exibiram novas formas de canções. Eles cantavam por mais tempo, mais rápido, com maior fôlego, além de apresentar um repertório expandido de canções. Pássaros entupidos de hormônios humanos foram capazes de atrair mais parceiros sexuais do que jamais puderam.[139]

---

139 S. Markman, S. Leitner, C. Catchpole, S. Barnsley, C.T. Müller et al., "Pollutants Increase Song Complexity and the Volume of the Brain Area HVC in a Songbird", *PLoS ONE* 3,2 (2008), e1674, 1–6.

Isso soa contra-intuitivo. Afinal de contas, nós aprendemos com os incontáveis documentários trágicos de David Attenborough que a existência do ser humano trouxe apenas miséria ao mundo dos animais silvestres.

Tornar-se um ícone é, provavelmente, sempre um tipo dúbio de fama e definitivamente o é, quando se trata de um ícone da extinção. Ao lado do mamute-lanoso, o dodô, os auroques e o tiranossauro, o pombo-passageiro é considerado um dos "grandes ícones da extinção".[140] Se, entre os séculos XVII e XVIII, bandos isolados somavam alguns bilhões de pombos-passageiros, o século XIX foi tomado pela mania de caçar esses pássaros; os locais de seus ninhos foram tornados públicos pelo telégrafo e as aves, mortas aos montes e descartadas em carradas.

> Os pombos-passageiros costumavam habitar todos os territórios dos EUA e do Canadá. Eles apareciam nos céus em revoadas tão densas que, praticamente bloqueavam o sol. Escurecia como em um eclipse. Os pássaros, em seu voo, cobriam todo o firmamento, de um horizonte ao outro. Excrementos de pombos caíam do céu como neve; o interminável zunido das asas lembrava o assovio dos ventos nas tempestades. Horas se passavam e os pombos continuavam a voar; o começo ou o fim de sua coluna em marcha não podia ser visto. Nada podia afastar tal "esquadrão", inumerável como o de gafanhotos – nem gritos, nem tiros, nem canhões. ... Seria realmente possível exterminar, rapidamente, uma tal multitude fantástica de pássaros? O triste destino do pombo-passageiro nos diz que isso é possível, se você realizar essa tarefa de maneira esperta.[141]

Nem mesmo as tentativas tardias de conservacionistas, surgidos naquela altura, puderam ajudar a restaurar a população de pombos-passageiros, ao cruzar

140 Errol Fuller, *The Passenger Pigeon* (Princeton: Princeton University Press, 2014), 9.

141 Ivan Akimushkin, *Sledy nevidannyx zverei* [*Os Rastros de Bestas Ocultas*] (Moscow: Geografgiz, 1961), cit. em Oxana Timofeeva, *Unconscious Desire for Communism*, ms, 2018.

casais, um por um. As aves, aparentemente, necessitavam de grandes bandos. Um monumento à ave extinta carrega as palavras de Aldo Leopold, um dos pais do movimento conservacionista nos Estados Unidos: "o pássaro não pode sobreviver à diminuição de sua furiosa intensidade".[142]

O grande número de cientistas e autores que voltou sua atenção ao pombo-passageiro, após seu desaparecimento, outorgou o caráter quase mítico de anti-fênix à ativa vida *post-mortem* do pássaro extinto. "O Pombo-passageiro é uma versão totalmente irônica da Fênix: sua morte é renascida, toda vez em que discutimos a ave. Porém, não importa quantas vezes a morte do pássaro se repita, ele nunca pode ressuscitar. De certo modo, o pássaro morre de morte à morte, em vez de morrer da morte para a vida".[143]

O último espécime documentado tornou-se um indivíduo na véspera de sua morte, que foi também a morte da sua espécie: Martha, a última da sua espécie, morreu em 1º de setembro de 1914. Nos meses que antecederam a sua morte no Zoológico de Cincinnati, Martha foi pintada, fotografada e – indicando quão importante ela tinha se tornado – filmada.[144]

---

142 Citado em Mark Payne, *The Animal Part: Human and Other Animals in the Poetic Imagination* (London/Chicago: University of Chicago Press, 2010), 71.

143 Eric Miller, "A Defect in Nature: The Figure of the Passenger Pigeon in Graeme Gibson and Other North American Writers" em *Restoring the Mystery of the Rainbow*, ed. V. Tinkler-Villani e C.C. Barfoot (Amsterdam / New York: Rodopi, 2011), 333–54, 353.

144 Por conta dos mais de 1000 espécimes preservados por taxidermia, o pombo-passageiro é o animal extinto em tempos históricos mais representado em museus. Cf. Dieter Luther, *Die ausgestorbenen Vögel der Welt*, Die Neue Brehm-Bücherei (Wittenberg: A. Ziemsen Verlag, 1986), 92–94.

O raro é erotizado como precioso, o que é ainda mais verdadeiro acerca daquilo que logo deixará de existir. Conhecer o último de uma espécie nos dá o sentimento narcisista de que estamos desfrutando de um privilégio especial, de que estamos testemunhando um evento exclusivo – como a última performance de alguma banda de rock geriátrica em sua turnê de despedida. Se você comparecer para descobrir, contra todas as expectativas, que uma série adicional de performances e turnês inteiras foram planejadas, o resultado pode não ser alívio, mas frustração.

Ecologias de Berghain

Civilizações em ruínas e fósseis zoológicos são o pretérito perfeito desse espetáculo nostálgico. A Renascença foi um banquete para tal obsessão por ruínas e, desde então, a contemplação embevecida de ruínas históricas tem sido parte da herança cultural europeia. Talvez, um dos motivos dessa cobiça por ruínas esteja na suspeita de que as promessas modernas de felicidade deixam muito a desejar. Antes, se você podia, em contrapartida, ter esperança de satisfação, tal contrapartida foi acompanhada por uma inflexão nostálgica para as coisas do passado. Aquilo que cativou a Renascença nas relíquias romanas e gregas, hoje cativa nossos contemporâneos no Cinturão da Ferrugem, ao longo da fronteira EUA-Canadá, onde se encontram as ruínas modernas mais fotografadas – os salões pós-industriais das antigas fábricas de automóveis na cidade norte-americana de Detroit. O termo para o deleite turístico de quem visita essas paisagens de decadência urbana, e para a ampla circulação de fotografias destes locais, é chamado *pornô de ruínas*.

No entanto, Detroit é, também, um dos berços da música *techno* que, em sua versão suavizada de *dance music* eletrônica, alcançou o pináculo do entretenimento *mainstream*. A boate *techno* Berghain, em Berlim, por sua vez, hasteia a bandeira do *underground*.[145] O subterrâneo do *underground* não se encontra, entretanto, na pista de dança do Berghain, nem no andar superior, no Panorama Bar, nem no andar inferior do Lab.Oratory. O subterrâneo real encontra-se muito abaixo, nos esgotos. Isto porque, cedo ou tarde, todas as drogas consumidas acima têm que sair para algum lugar — elas fluem para os esgotos, onde os animais, que lá vivem, se banham em hormônios e outras moléculas poderosas. Não há qualquer pesquisa acerca deste *habitat* peculiar da ecologia urbana, mas porque não haveria, ali, ratos sob o efeito de anfetaminas, fazendo suas *raves*; baratas copulando em altas frequências; sapos, sob efeito de MDMA, caindo uns sobre os outros; ou camundongos psicoativamente dissociados, com cetamina correndo em suas veias?

Tempos atrás, a boate era o espaço de uma outra vida. Certos detalhes ainda o evocam: se você já se cansou de racismo, basta visitar uma boate para experimentar como membros da maioria, sob efeito de *ecstasy*, afirmam, convincentemente, à mulher migrante, atendente no toilete, quão incrível ela é. Porém, à revelia das intenções dos organizadores e de noites ou eventos particulares, o sistema de coordenadas em que as boates existem mudou. Antes, o fim de semana era período distinto na lógica do emprego mas, hoje em dia, as noites livres são

145 David Garber, "Ben Klock: 'Ich bin kein Technopurist,'" *Vice Online*, 21 de outubro, 2015, https://thump.vice.com/de.

usadas para praticar tudo aquilo que é esperado no novo ambiente de trabalho: a capacidade para o entusiasmo e identificação com o processo de trabalho, habilidades sociais e a capacidade de trabalhar em equipe, bem como transparecer tranquilidade, enquanto se trabalha duro. Em suma: o sábado é a nova segunda-feira.

Pornô, *pharma*, poder

Paul B. Preciado cunhou o termo *regime farmaco-pornográfico* para o novo regime da subjetividade.[146] O desenvolvimento da pílula contraceptiva e a publicação do primeiro volume da revista *Playboy* são marcos simbólicos dessa nova forma de poder. O aspecto farmacológico dessa forma de poder inclui a administração em massa, bem como a auto-medicação de entidades biomoleculares. Estrogênio para o cuidado da pele ou ritalina para tratar crianças com transtorno de déficit de atenção são tão parte disso quanto a mudança na sexualidade das massas, devido à descoberta dos efeitos do Viagra na ereção, ou a ingestão em larga escala de antidepressivos, estabilizadores de humor e sedativos. A circulação, consumo e produção caseira de imagens sensuais constitui o polo pornográfico desse regime (desde a primeira revista em cores com retratos de Marilyn Monroe às imagens do Instagram de nossos dias).

Os animais, em especial partes e fluidos corporais de animais, serviram como matéria-prima para o desenvolvimento do polo biomolecular dessa forma de poder, que nos disciplina não apenas do exterior, na

146 Paul B. Preciado, *Testo Junkie* (New York: The Feminist Press, 2013).

forma de arquitetura e ortopedia atuando sobre o corpo, como também se infiltra em nossos corpos e nos controla, enquanto regulamos a nós mesmos com potentes moléculas:

> O sucesso da tecnociência contemporânea consiste em transformar nossa depressão em Prozac©, nossa masculinidade em testosterona, nossa ereção em Viagra©, nossa fertilidade/esterilidade na pílula, nossa AIDS na triterapia, sem saber o que vem antes; se a depressão ou o Prozac©, se o Viagra© ou uma ereção, se a testosterona ou a masculinidade, se a pílula ou a maternidade, se a triterapia ou a AIDS.[147]

O primeiro artigo científico de Sigmund Freud já lidava com a questão dos hormônios sexuais nos peixes. O famoso tratado de Jacques Lacan sobre o estágio do espelho não poderia deixar de considerar o desenvolvimento dos hormônios sexuais em pombos. Porém, historicamente, as disciplinas científicas da endocrinologia, sexologia e psicologia foram as parteiras desse regime, na segunda metade do século XX. O trabalho científico ligado a tais disciplinas só foi possível por meio de vastos números de corpos animais, de cujas glândulas sexuais se extraíram hormônios. Por esse motivo, a maioria dos institutos de hormônios se localizava próxima a abatedouros. Somente a descoberta de que o estrogênio é abundante na urina alterou, por completo, a economia inicial da extração desta substância preciosa.

147 Paul B. Preciado, "Pharmaco-pornographic Politics: Towards a New Gender Ecology", *Parallax* 14 (2008), 105–117, 108.

Potencial de prazer, além do bem-estar animal

Em paralelo aos incontáveis estudos, que indicam os impactos negativos de substâncias bioativas nos corpos e no comportamento dos animais, é chegada a hora de prestar atenção no potencial de prazer destes recursos bioquímicos para animais. Preciado denomina tal potencial aparentemente perverso de excitação de *potentia gaudi*. Essa "força orgásmica" é uma "capacidade indeterminada" que, no domínio farmacopornográfico, é "equivalente ao conceito de força de trabalho no domínio da economia clássica".[148] Os animais foram não apenas centrais para o teste e desenvolvimento de muitas drogas médicas que utilizamos, mas também matéria-prima para a produção dessas substâncias. Os corpos dos animais foram fundamentais para a emergência do novo poder dos hormônios. Então, por que deveríamos, em nome de um conceito velho e empoeirado de natureza, nos recusar, à partida, a deixá-los participar desse poder de aprimorar as habilidades de canto ou de aumentar o prazer?

Pássaros cheios de hormônios e insetos drogados – isso parece, completamente, errado. Talvez assim pareça, só porque nos acostumamos a certas ideias de natureza e naturalidade. Felizmente, tais noções podem mudar com o tempo, embora isso não ocorra de maneira uniforme. Quando Conchita Wurst – a barbada, mas feminina, persona artística do artista *drag* Thomas Neuwirth – ganhou o concurso de canções *Eurovision* em 2014, muitos espíritos progressistas se regozijaram com a mentalidade aberta da Europa. Alguns anos antes, igual número de pessoas se irritou com o fato de

148 Preciado, *Testo Junkie*, 44.

Michael Jackson (suposta ou efetivamente) se tornar branco. Por alguma razão, a raça tem que carregar o fardo da "autenticidade". Mudar sua religião, nacionalidade ou gênero se afigura, a muitos, uma forma de liberdade. Porém, para muitas pessoas, a mera ideia de que uma pessoa negra rica pudesse querer mudar a cor da sua pele carregava consigo a aura da auto-estima insuficiente, ou mesmo da traição.

Talvez, só não queiramos que os animais pisem muito fora da linha e façam coisas que julgamos inapropriadas (= não naturais). No entanto, assim como não existe nenhuma essência verdadeira da arte, nem um cerne fundamental da natureza humana, nem da feminilidade ou masculinidade, não há também uma caninidade intrínseca, nem uma natureza galinácea intrínseca, que se repita em tempo e espaço.

Um gato vivendo em um arranha-céu em Tóquio tem impressões diferentes e um ambiente diferente de um cachorro que acompanha um sistema de som *freetekno* itinerante, de festa em festa. Por isso, falar no que é apropriado a uma espécie faz tão pouco sentido: indivíduos da mesma espécie, muitas vezes, exibem preferências ou comportamento muito divergentes, assim como ambientes dessemelhantes levam a personalidades e modos de reação dessemelhantes. Animais da mesma espécie não são os mesmos, em todo lugar. E até aos animais é permitido expandir sua consciência, experimentar novas formas de percepção, tornar-se alguém diferente de quem são.

Um jornalista de rádio certa vez relatou que, ao abrir a porta de uma ocupação urbana, viu uma cena extraordinária. Havia DJs deitados por todo o lugar, recuperando-se da noite cansativa. Um cachorro pequeno estava de pé sobre o peito de um dos adormecidos, lambendo, cuidadosamente, restos de droga das narinas do DJ. Daí, pulou no próximo DJ e se banqueteou, mais uma vez, no potencial de estimulação desperdiçado. Gerenciamento sustentável de recursos, você poderia dizer. E por que a pilhagem nasal do cão, a fim de ficar chapado, não seria algo "apropriado para a sua espécie"?

Recentemente, em um fórum *online* de ativistas contra o *fat-shaming*, quando alguém publicou uma foto de seu cachorro corpulento, o circo pegou fogo. O sentimento unânime foi o de que deixar um cachorro ficar tão gordo era extremamente irresponsável, por parte do dono. Porém, por que tais ativistas do corpo tornavam-se fetichistas da saúde, tão rapidamente, assim que tratavam de um cão? Para os humanos, ao contrário, defendiam, veementemente, o direito aos seus próprios corpos. Além disso, o cachorro na foto parecia relativamente feliz, algo que o dono, igualmente feliz, enfatizava. Provavelmente, o ressentimento em relação a animais não conformistas tenha a ver com o modo pelo qual a ideologia dos animais de estimação como membros da família os transforma em eternas crianças. Animais adultos não são crianças humanas.[149]

Indivíduos animais intoxicados não são, entretanto, os únicos que podem lucrar com o aumento das substâncias bioativas. Estudos empíricos sugerem que o Viagra pode ser um aliado na luta contra a extinção de espécies biológicas. As vendas de genitais de focas do Canadá e de galhadas de caribus do Alaska colapsaram, após a companhia farmacêutica Pfizer introduzir o Viagra em maio de 1998.[150] Ambos os itens são parte da

149 Para uma inspiradora leitura sobre o amor e "animais *queer*", veja-se Carmen Dell'Aversano, "The Love Whose Name Cannot Be Spoken: Queering the Human–Animal Bond", *Journal for Critical Animal Studies* 8, 1/2 (2010), 73–125.

150 William von Hippel and Frank A. von Hippel, "Sex Drugs and Animal Parts: Will Viagra Save Threatened Species?", *Environmental Conservation* 29,3 (2002), 277–81.

medicina tradicional e alternativa, usados para tratar a disfunção erétil.[151] O mesmo ocorre com, por exemplo, pepinos do mar, cavalos marinhos, lagartixas e tartarugas marinhas, cujos corpos inteiros, ou partes (a genitália masculina) e produtos (ovos) podem ter sido salvos pelo advento do Viagra.

Uma razão para tanto é que os efeitos das drogas ocidentais, visando a melhoria da ereção são, rapidamente, verificáveis, em contraste a outros medicamentos convencionais, cuja eficácia não é clara para o consumidor, de imediato. Outra razão é o preço: o Viagra, especialmente o medicamento genérico, é, em geral, mais barato do que sua contraparte feita de corpos animais.[152] Apesar de ser difícil, com base no número de vendas, determinar se alguma espécie animal foi proibida, por ameaça de extinção; apesar de o debate profissional ainda não estar consolidado,[153] tais resultados, ao menos,

151 A crença na efetividade de remédios exclusivos não é limitada à Ásia: de acordo com a revista *Forbes*, o extrato de galhada de cervo está crescendo em popularidade entre atletas competitivos dos EUA, porque promete promover o crescimento de músculos e desacelerar o envelhecimento, melhorar a performance e a regeneração após lesões – e, é claro, potencializar a libido. Embora nenhuma prova científica desses efeitos tenha sido encontrada, o comércio dessa droga milagrosa se provou um ótimo negócio para as empresas envolvidas. David DiSalvo, "How to Squeeze Snake Oil from Deer Antlers and Make Millions", *Forbes Magazine*, 11 de outubro, 2013.

152 William von Hippel, Frank A. von Hippel, Norman Chan e Clara Cheng, "Exploring the Use of Viagra in Place of Animal and Plant Potency Products in Traditional Chinese Medicine", *Environmental Conservation* 32,3 (2005), 235–38.

153 Craig Hoover, "Response to 'Sex, Drugs and Animal Parts: Will Viagra Save Threatened Species?,'" *Environmental Conservation* 30,4 (2003), 317–18; William von Hippel, "Is Viagra a Viable Conservation Tool? Response to Hoover, 2003", *Environmental Conservation* 31,1 (2004), 4–6; Richard Damania e Erwin H. Bulte, "The Economics of Wildlife Farming and Endangered Species Conservation", *Ecological Economics* 62,3–4 (2007), 461–72.

possibilitam o prospecto algo irônico de que "substâncias químicas" não apenas contribuem para problemas ecológicos, como podem também ser parte da solução.

Irônica proteção de espécies

A auto-ironia é uma virtude corrente entre pessoas esclarecidas. Até fábricas de gás venenoso desativadas nos EUA podem mostrar um apreço pela ironia. Por mais de quarenta anos, o Rocky Mountain Arsenal (RMA), no Colorado, de propriedade do exército dos EUA, produziu agentes nervosos, gás mostarda, *napalm*, fósforo branco e outras substâncias semelhantes que o Mundo Livre parecia precisar com regularidade. Em 1991, o Arsenal surpreendeu, ao publicar um calendário com fotografias de paisagens retratando a beleza agreste da área aos pés das Montanhas Rochosas. O calendário, que foi distribuído para vizinhos da zona militar restrita e para residentes da cidade vizinha de Denver, tinha o título "O Parque Natural mais Irônico da Nação...". O texto introdutório explicava o título inusual:

> Vida selvagem próspera, resíduos tóxicos e uma história épica fazem do Rocky Mountain Arsenal o parque natural mais irônico da nação. Hoje, uma legislação pendente no Congresso poderia torná-lo oficial. Propõe-se que os 17.000 acres do RMA – que contêm a antiga fábrica de armas químicas do Exército e a instalação de agrotóxicos da Shell – sejam o primeiro refúgio de vida selvagem do país, em uma área de Superfundo [áreas altamente tóxicas, para as quais fundos governamentais são alocados]. O prospecto de milhões de visitantes ao RMA clama por um novo pensamento acerca da "educação ambiental". O RMA poderia nos ajudar a aprender sobre nossa história, sobre a sobrevivência da natureza em um ambiente

> urbano-industrial, sobre a realidade dos resíduos contaminantes e sobre nossas esperanças para o futuro.[154]

Adeus *dreadlocks* e calças boca-de-sino de veludo, adeus às roupas práticas e ao fetiche por bicicletas: os novos ativistas do meio-ambiente usam cortes de cabelo militares e fabricam armas químicas. No meio tempo, eles querem discutir "nossas esperanças para o futuro". Por mais que alguns de nós queiram acreditar que o Exército dos EUA tenha se tornado uma agência de proteção da vida selvagem, isto requer um olhar mais atento.

Essa área de aproximadamente setenta mil quilômetros quadrados foi requisitada pelo Exército dos EUA, durante a Segunda Guerra Mundial e declarada uma zona militar restrita. Os fazendeiros que lá viviam tiveram trinta dias para deixar a área. Ali, o Rocky Mountain Arsenal foi construído para desenvolver, fabricar e armazenar armas químicas e, mais tarde, igualmente descartá-las. Partes da área foram alugadas para a Shell Oil e outros fabricantes de agrotóxicos de alto teor, para uso na agricultura e em jardins domésticos. Em 1984, a fábrica de gases venenosos foi fechada, mas, ao longo dos anos, houve no local muitas reclamações sobre a contaminação tóxica das águas subterrâneas. Naquele mesmo ano, o Exército dos EUA começou uma série de estudos científicos sobre o solo e os lençois freáticos, quando descobriu concentrações altas de substâncias tóxicas, em grau alarmante. Esse resultado não era surpreendente. Porém, em 1986, os cientistas militares ficaram surpresos ao notar que uma dúzia de águias-de-cabeça-branca havia se estabelecido

154 Introduction, Nature Calendar 1991, Rocky Mountain Arsenal.

naquelas terras. Na época, essas aves estavam em grave risco de extinção. Investigações posteriores mostraram que as águias estavam em ótimas condições de saúde.

Um pouco mais tarde, descobriu-se que vários animais, como pelicanos e coiotes, encontraram refúgio nessa zona contaminada: mais de 330 espécies animais foram encontradas nessa pequena área que, segundo o Corpo de Engenheiros do Exército, abrangia "a milha quadrada mais contaminada na Terra".[155] O lugar mais tóxico dos EUA era, também, o lugar com a maior diversidade de espécies. A própria natureza parece ter se tornado irônica.

Pássaros e bombas

Depois que, devido aos resíduos tóxicos, a área foi declarada prioritária, o que resultou em financiamento federal substancial, as piores toxinas foram retiradas das primeiras frações de terra. Em 1992, o Arsenal foi fechado e a lei preconizada pelo calendário cênico tornou-se realidade. Essa lei providenciou para que certas frações do território fossem convertidas em parque natural, depois de descontaminadas. Em 2011, após dois bilhões de dólares gastos na remoção mais básica de toxinas do solo, chegou a hora de abrir à visitação o Rocky Mountain Arsenal National Wildlife Refuge.

Jim Omans, gestor de recursos naturais da Marinha, baseado em Washington, DC, explica: "Os militares são, talvez, um aliado natural [de grupos de conservação] porque buscamos as mesmas coisas que eles buscam". Suas motivações podem ser completamente opostas —

155 Citado em Alexander Wilson, *The Culture of Nature: North American Landscape from Disney to the Exxon Valdez* (Cambridge, MA: Blackwell, 1992), 281.

"Nós queremos para treino. Eles querem pelas criaturas" —, mas o importante é que "ambos queremos grandes áreas contínuas repletas de habitats naturais".[156]

Essa bizarra história de sucesso do projeto das-armas--à-conservação foi, é claro, mais complicada. Na década de 1980, a Shell Oil, o exército e a Agência de Proteção Ambiental se desentenderam sobre a extensão da recuperação ambiental necessária. "Em litígios separados, o estado de Colorado processava o Exército e a Shell; o Exército processava a Shell, e a Shell processava os seus seguradores. E agências federais, empreiteiras, comunidades vizinhas e ambientalistas locais discordavam acerca do que deveria ser feito com o Arsenal, quando o Exército partisse. As águias-de-cabeça-branca mudaram tudo isso".[157]

A condição das águias como espécie ameaçada e, ao mesmo tempo, animal nacional oficial e a ave nacional (os Estados Unidos têm ambos, e são o mesmo animal) estampada no Grande Selo dos Estados Unidos da América; emblema nacional (em todas as notas de um dólar) e, ainda, associada a um histórico militar, tornou mais fácil criar um plano para um refúgio natural em solo envenenado. Em meio a embates legais e financeiros acerca da sua extensão, a limpeza ambiental se mostrou a solução mais barata. Isso é, se o uso pretendido após a limpeza era o de um refúgio natural, a lei requeria uma descontaminação menos minuciosa do que se o objetivo fosse o uso comercial ou a habitação

---

156 Mike Lee, "Military, Conservationists Unite to Deflect Urban Encroachment", *San Diego Union-Tribune*, 26 de julho, 2005, citado em Peter Coates, Tim Cole, Marianna Dudley e Chris Pearson, "Defending Nation, Defending Nature? Militarized Landscapes and Military Environmentalism in Britain, France, and the United States", *Environmental History* 16 (julho de 2011), 456–91, 490, nota 97.

157 Jeffrey P. Cohn, "A Makeover for Rocky Mountain Arsenal: Transforming a Superfund Site into a National Wildlife Refuge", *BIOSCIENCE* 49,4 (1999), 273–77, 274s.

humana. No caso, as pessoas entrariam em contato com o solo ou a água venenosos, apenas ocasionalmente. Além disso, usar aquela área como refúgio natural significava a permissão para estabelecer um depósito de resíduos contaminantes de um milhão e trezentos mil metros cúbicos de solo contaminado, que precisaria ser descontaminado a uma profundidade de, apenas, um a dois metros.

"Saringetti"

O sigilo que recobre áreas militares implica na falta de clareza acerca do que é armazenado lá. A generosidade do Exército dos EUA em providenciar informações verídicas aumentou o desconforto de muitos moradores locais. Eles tomaram a conversão da área em refúgio de vida selvagem como afronta aos anos de esforços por uma descontaminação mais profunda (de mais do que apenas dois metros). O refúgio natural permanece controverso. Apenas em 1996, ao contatar diretamente o Pentágono, os ativistas conseguiram que a palavra "Arsenal" fosse incluída no nome do parque em todas as placas, após as autoridades militares a terem removido, tacitamente, enquanto a limpeza ainda ocorria. Quando, em 2000, uma bomba contendo o veneno Sarin, extraordinariamente poderoso (que foi lançado pelo ditador chileno Augusto Pinochet contra seus opositores políticos e, presumivelmente, usado no Iraque, em 1988, contra cinco mil curdos), foi encontrada na área descontaminada, o Exército dos EUA tentou encobrir a história – a imprensa local apelidou o parque natural de "Saringetti", em referência irônica ao Parque Nacional do Serengeti, na Tanzânia.

Enquanto isso, o centro para visitantes do Rocky Mountain Arsenal National Wildlife Refuge, fundado pela Shell, esteve envolvido em campanhas históricas de *greenwashing*. O material informativo em exibição no local explica como, inicialmente, os transumantes Arapaho e Cheyenne viviam ali e, mais tarde, fazendeiros cultivaram aquelas terras. Depois disso, a área foi usada para esforços de guerra e, então, transferida à Shell, para impulsionar a economia nacional. E agora, a natureza estava, simplesmente, tomando conta, mais uma vez. O Arsenal, construído às pressas a fim de equiparar o país ao programa alemão de armas químicas; as bombas de *napalm*, que foram fabricadas aqui e lançadas no Japão em 9 e 10 de março de 1945; a corrida armamentista da Guerra Fria, para a qual o Arsenal forneceu armamentos[158] — tudo isso consta como uso regular da terra no inofensivo material informativo deste maravilhosamente irônico parque natural, comparável à coleta de frutos silvestres pelos povos transumantes, alguns séculos antes.

A retórica da obliteração e erradicação de inimigos humanos e não humanos é anterior ao século XX, mas apenas no último século obteve-se a capacidade técnica e organizacional para lutar contra o inimigo, mais extensa e rapidamente do que nunca. Como escreveu o historiador norte-americano Edmund Russell:

> A aniquilação de inimigos nacionais e naturais havia se tornado realista, em larga escala, realidade confortadora e, ao mesmo tempo, perturbadora para quem viveu nos tempos pós-Segunda Guerra Mundial. Ambas fontes de insegurança, as tecnologias militares e civis mostraram que a guerra e as mudanças ambientais não eram empreendimentos isolados, mas aspectos correlatos da vida no

158 Rachael E. Salcido, "The Rocky Mountain Arsenal National Wildlife Refuge: On a Rocky Road to Creating a Community Asset", *John Marshall Law Review* 47,4 (2014), 1399–430, 1404s.

século XX. Um dos melhores locais para ver a ocorrência concreta de tais conexões era o Rocky Mountain Arsenal. Ali, usando os mesmos equipamentos, a Shell fazia inseticidas e a Divisão Química fazia armas químicas.[159]

O Rocky Mountain Arsenal National Wildlife Refuge levanta questões aparentemente paradoxais. A descontaminação e limpeza completas da área levariam, sem dúvida, ao fim do refúgio de vida selvagem. A ideia de uma reserva animal foi promovida pela Shell, pelos militares e pelo aparato político, de modo a poupar imensos custos adicionais. Sem esse fator, a pressão pela exploração econômica da área teria sido imbatível. A limpeza ambiental teria significado o fim dos animais, que fizeram daquele lixão tóxico o seu lar.

Espiritualidade radiativa

O Rocky Mountain Arsenal é um nó de uma rede maior de locais similarmente paradoxais, como a Zona Desmilitarizada (DMZ) entre a Coréia do Norte e a Coréia do Sul. Os conservacionistas assistem, com sentimentos ambíguos, progredirem as tratativas de paz entre as duas nações, porque a Zona Desmilitarizada tornou-se uma reserva natural para diversas espécies ameaçadas.[160] Para estas espécies, a paz representa a morte.

O parque próximo a Denver levanta a questão de como lidar, coletivamente, com materiais altamente tóxicos, porque apenas enterrá-los não é a melhor solução. Esse

159 Edmund Russell, *War and Nature: Fighting Humans and Insects with Chemicals from World War I to Silent Spring* (Cambridge MA: Cambridge University Press, 2001), 234s.

160 Eric Wagner, "The DMZ's Thriving Resident: The Crane", *Smithsonian Magazine*, abril de 2011.

é o caso do lixo radiativo, como aquele que contaminou outra parte do Colorado, não muito distante do Arsenal. O Arsenal está a quinze quilômetros ao nordeste de Denver; a vinte e cinco quilômetros ao noroeste desta cidade está o Rocky Flats, onde, entre 1952 e 1989, foram produzidos todos os detonadores para armas nucleares dos EUA. Depois que Rocky Flats, refúgio para cerca de 250 espécies animais ameaçadas, foi ambientalmente recuperada (sob circunstâncias tão controversas quanto as do Arsenal), ela foi declarada, em 2007, o Rocky Flats National Wildlife Refuge e transferida dos militares para o United States Fish and Wildlife Service. O Rocky Flats não é acessível ao público, mas o público o chama, de maneira reveladora, de "*Rocky Horror Show*".[161]

Julia Kristeva usou o termo "abjeto" para designar aquilo que é rejeitado ou descartado. Lodo ou aranhas são abjetos, que induzem à aversão. Outros abjetos são aspectos do mundo que banimos totalmente de nossa consciência, porque nos perturbam demais.[162] O teórico literário Timothy Morton invoca o abjeto de Julia Kristeva, para entender o fenômeno do Rocky Flats.

> A política ecológica está presa ao que fazer com a poluição, o miasma, o lodo: coisas que queimam, borbulham e decaem. O lixo radiativo da fábrica de bombas nucleares em Rocky Flats deveria ser varrido para baixo do tapete de um mundo objetificado em Nevada, um depósito de sal que, na década de 1950, era considerado radiativo, mas que, nos anos 1990, se descobriu que vazava (o Waste Isolation Pilot Project, ou WIPP)? ... O que fazer com os vazamentos do mundo?[163]

161 Peter Coates, "From Hazard to Habitat (or Hazardous Habitat): The Lively and Lethal Afterlife of Rocky Flats, Colorado", *Progress in Physical Geography* 38,3 (2014), 286–300.

162 Julia Kristeva, *Powers of Horror: An Essay on Abjection* (New York: Columbia University Press, 1982).

163 Timothy Morton, *Ecology without Nature: Rethinking Environmental Aesthetics* (Cambridge, MA: Harvard University Press, 2007), 159s.

Morton considera notável a iniciativa *Nuclear Guardianship*, fundada por Joanna Macy, porque ela politiza a espiritualidade, "não como uma fuga, mas como um cuidado do abjeto". O *Nuclear Guardianship* "reivindica que substâncias como o plutônio, cuja liberação de luz venenosa leva dezenas de milhares de anos para cessar, deveria ser armazenado acima do solo em um depósito monitorado e recuperável; além disso, que uma cultura, de fato uma espiritualidade, teria que se desenvolver em redor do cuidado dessa substância abjeta".[164]

A perplexidade com a proximidade entre o que parece irreconciliável – o artificial supremo (radiatividade; rejeitos contaminantes) com a natureza extrema (animais selvagens; biodiversidade, em vez de monocultura industrial) – também ocupa o historiador ambiental William Cronon:

> Decerto, não há nada natural acerca da toxicidade do Arsenal – e, no entanto, aquela toxicidade é uma das coisas mais importantes que sustenta a natureza selvagem, pela qual o lugar é agora celebrado. As categorias familiares do pensamento ambientalista parecem não funcionar aqui, uma vez que não temos qualquer indicação clara do que seria o "natural" ou o "não natural" em tal caso. [...] A capacidade de borrar as fronteiras entre o "natural" e o "não natural" é, exatamente, o que torna o Rocky Mountain Arsenal e outros objetos tão úteis em nos encorajar a questionar nossos pressupostos acerca do que a natureza representa e de como deveríamos nos relacionar com ela.[165]

164 Morton, *Ecology without Nature.*

165 William Cronon, ed., *Uncommon Ground: Rethinking the Human Place in Nature* (New York: W.W. Norton & Co, 1996), 28.

O discreto charme da natureza burguesa

À primeira vista, as reflexões de Morton sobre o *Nuclear Guardianship* podem lembrar a cena, perturbadoramente bela, de *De volta ao planeta dos macacos* (*Beneath the Planet of the Apes*, 1970), na qual os sobreviventes de um holocausto nuclear veneram uma bomba atômica, como arma da paz. Podem, ainda, lembrar-nos que a "criação de mitos" pode ser uma estratégia governamental intencional de comunicação com as gerações futuras. Pelo menos, é isso que a *Human Interference Task Force* (Força Tarefa de Interferência Humana), criada pelo Departamento de Energia dos EUA, nos anos 1980 – designada para investigar os problemas ligados a fechamentos de bases e à demarcação final de repositórios de lixo nuclear já completos –, recomendou para o *Waste Isolation Pilot Plant* no Novo México.[166]

A probabilidade de interferência humana deveria ser minimizada por dez mil anos, mas sinais físicos, até mesmo a linguagem, poderiam se deteriorar até lá, de modo que não haveria certeza de que qualquer forma de aviso fosse compreendida. Assim, o relatório sugeriu criar dispositivos folclóricos, particularmente a combinação de rituais e mitos, criados e cultivados artificialmente.[167] Uma "trilha falsa" de superstição acumulada afastaria os não iniciados do local perigoso, enquanto a verdade científica da radiação e de suas implicações seria confiada a um "clero atômico". Isto é, uma comissão de físicos, especialistas em doenças da radiação,

166 Thomas A. Sebeok, *Communication Measures to Bridge Ten Millennia* (BMI/ONWI-532, preparado pelo Research Center for Language and Semiotic Studies, Indiana University, para o Office of Nuclear Waste Isolation, Battelle Memorial Institute, Columbus, OH, 1984).

167 Sebeok, *Communication Measures to Bridge Ten Millennia*, 24.

antropólogos, linguistas, psicólogos, semiólogos e qualquer outra especialidade eventualmente necessária, agora e no futuro; a participação nesse "clero" seria auto-seletiva, ao longo do tempo.[168]

O relatório concluiu que "o melhor dispositivo para iniciar uma nova tradição" não estava claro naquele momento: "Os especialistas em folclore consultados informaram desconhecer qualquer precedente; não conheciam qualquer situação similar, com exceção das conhecidas, mas ineficazes, maldições associadas aos locais de sepultamento (pirâmides) de alguns faraós egípcios – por exemplo, da Décima Oitava Dinastia –, que não impediram ladrões de tumbas, ávidos em cavar à procura de 'tesouros escondidos'".[169] De maneira blasfema, as observações do relatório levam o pensar a natureza de volta à dimensão espiritual que detinha no romantismo euro-americano, cuja longa sombra ainda nos toca hoje, quando nos surpreendemos com a co-ocorrência entre paisagem mais venenosa e a maior biodiversidade.

Nesses casos, a ideia de uma natureza intocada é profundamente comprometida pelos animais que lá vivem, o que é, sem dúvida, algo positivo. Isto porque a noção de natureza intocada é uma ideia profundamente burguesa, proposta por pessoas que podiam sustentar relação intocada com a natureza, porque elas não precisavam trabalhar nela ou com ela. O trabalho humano e a natureza intocada não se relacionam bem em tais imaginários. Ademais, a ideia da natureza intocada coloca humanos e natureza uns contra os outros, de maneira extrema; é, ainda, profundamente anti-urbana. Em contrapartida, Cecil Konijnendijk aponta que dois terços de

168 Sebeok, *Communication Measures to Bridge Ten Millennia*, 24.

169 Sebeok, *Communication Measures to Bridge Ten Millennia*, 24.

todas as espécies de aves da Alemanha vivem na capital Berlim. Enquanto Zurique abriga dez vezes mais raposas, porcos-espinhos e texugos por quilômetro quadrado do que o campo suíço, que a circunda: "Parte da explicação é que as cidades oferecem um mosaico de habitats e micro-climas, de jardins cheios de lagoas a áreas industriais abandonadas e, é claro, florestas urbanas".[170]

A natureza urbana, áreas interditadas contaminadas por radiação, e fábricas de produção de gases venenosos ostentam natureza mais diversa do que muitas reservas naturais e parques nacionais. Esses últimos, no entanto, oferecem um território que, frequentemente, é carregado de nacionalismo, sejam os picos montanhosos de um *Heimatfilm* austríaco[171], o mito da fronteira do Velho Oeste norte-americano ou as florestas alemãs que, durante o período do romantismo nacionalista, foram reflorestadas ou rearranjadas, para condizer à imagem delas em fontes antigas.

---

170 Cecil C. Konijnendijk, *The Forest and the City: The Cultural Landscape of Urban Woodland* (Berlin: Springer, 2008), 111.

171 Incontáveis filmes do gênero, no período pós-guerra, representaram a natureza austríaca como um mundo idílico de cores brilhantes e de gosto duvidoso. Enfatizava, particularmente, a paisagem alpina como o lar da ordem, da segurança, da família e da religião. No *Heimatfilm* puro, a consciência nacional austríaca, arranhada por décadas de derrota e difamação, desfrutava de férias da sua história problemática. Pelo menos, o herói do *Heimatfilm*, filho das montanhas, sempre fazia tudo certo. Nos filmes do gênero, aparentemente inofensivos, a terra natal (*Heimat*) é sempre a montanha e a paisagem.

Da natureza como punição à natureza como redenção

Cronon enfatiza que, até o século XVIII, a natureza intocada era repleta de imagens religiosas de punição e terror. A natureza intocada era o lugar de punição, a que Adão e Eva haviam sido atirados. A natureza intocada era o lugar em que os israelitas, em seu exílio de quarenta anos, começaram a adorar um bezerro de ouro; onde Jesus foi levado à tentação pelo Demônio. Não era lugar para se ir por escolha própria; pessoas civilizadas não deveriam esperar encontrar nada de edificante lá.

O romantismo, Cronon escreve, trouxe um conceito novo e transatlântico de natureza – o sublime.

> Nas teorias de Edmund Burke, Immanuel Kant, William Gilpin, entre outros, paisagens sublimes são aqueles locais raros na Terra, onde há maior chance de se vislumbrar a face de Deus, do que em qualquer outro lugar. Os românticos tinham uma noção clara de onde se poderia ter mais certeza de tal experiência. Embora Deus possa, é claro, escolher mostrar-se em qualquer lugar, Ele seria encontrado, com maior frequência, naquelas paisagens vastas e poderosas, onde ninguém pode evitar sentir sua insignificância e lembrar-se de sua própria mortalidade. Onde estavam tais lugares sublimes? O catálogo do século XVIII de tais locais nos parece muito familiar, pois ainda vemos e valorizamos paisagens, tal como Ele nos ensinou. Deus estava no topo da montanha, no precipício, na cachoeira, na nuvem de tempestade, no arco-íris, no pôr do sol.[172]

Nos locais em que se podia experimentar tais espetáculos de modo mais impressionante, foram estabelecidos os primeiros parques nacionais dos Estados Unidos: Yellowstone, Yosemite, Grand Canyon, Rainier, Zion. Porém, se em Thoreau e Burke o sublime era

---

172 William Cronon, "The Trouble with Wilderness; or, Getting Back to the Wrong Nature", em *Uncommon Ground*, 69–90, 73.

sempre algo divinamente inumano, algo que causava arrepios, espanto ou terror nos humanos, já na visitação à natureza, cada vez mais democratizada ao final do período romântico, o sublime se encontrava firmemente controlado:

> Conforme mais e mais turistas buscavam a natureza selvagem como espetáculo a ser observado e desfrutado por sua grande beleza, o sublime, na prática, se domesticava. A natureza selvagem ainda era sagrada, mas os sentimentos religiosos que ela evocava eram mais aqueles de agradável igreja paroquial do que os de uma grande catedral ou de um retiro em deserto hostil.[173]

Hoje, a natureza tornou-se o lugar onde habilidades de sobrevivência são treinadas, onde a história está por um fio, onde uma parte é privilegiada, ao custo de outra. Porém, falar sobre a natureza ou o natural tem ainda algum significado, é para lembrar-nos de que existe algo ou alguém diferente de nós (ao menos, a essa altura, em relação a como nós entendemos e percebemos a nós mesmos). Os esgotos sob o Berghain são tão natureza quanto um pequeno tanque de concreto, cheio de lesmas e coberto de algas, em área abandonada em torno de um conjunto habitacional urbano. E, ainda assim, acreditamos: "Se não tiver centenas de quilômetros quadrados de extensão, se não nos dá visões da perspectiva de Deus ou vistas grandiosas, se não nos permite a ilusão de que estamos sozinhos no planeta, então não é realmente natural. É pequeno demais, plano demais ou povoado demais".[174]

---

173 Cronon, "The Trouble with Wilderness", 75.

174 Cronon, "The Trouble with Wilderness", 87.

Nostalgia imperial

Alguns de nós mantêm uma relação paternalista com a natureza e com os animais, com base em noções rígidas e a-históricas acerca da forma que a natureza deve ter e de como os animais devem se comportar. E, às vezes, nós nos permitimos relação similar com outros seres humanos, como fica evidente sobretudo no caso de populações tradicionais e sociedades indígenas. Associar povos indígenas a alguma parte imaculada da natureza, que exista à distância da humanidade, vem a reduzi-los a meros portadores de concepções dúbias de "autenticidade". Juan José Luis Katira Ramirez, um xamã e intelectual dos Wixárika do México, explica: "Os estrangeiros sempre me perguntam se ainda há 'indígenas' de verdade. Esperam pela resposta de que restaram muito poucos, que ainda continuam com as velhas tradições; que os mais velhos são aqueles capazes de narrar os mitos quase esquecidos, e que os jovens, há muito, se mudaram para as cidades, onde são, inevitavelmente, assimilados".[175]

É verdade que as potências imperiais trouxeram enorme miséria às sociedades indígenas em todo o mundo, mas é importante não perder de vista os modos diversos, pelos quais diferentes sociedades responderam ou puderam responder.[176] Por exemplo, os Wixárika

175 Juan José Katira Ramirez, conversa pessoal com o autor, *The School of the Jaguar*, com curadoria da dançarina e coreógrafa Amanda Piña de Singel, Antwerp, Belgium, 8 de dezembro, 2017.

176 Por exemplo, os Pashtun, historicamente conhecidos como afegãos, são considerados o maior grupo étnico do mundo. À diferença de muitos outros grupos étnicos, os Pashtun nunca foram conquistados. A resistência bem-sucedida dos Pashtun contra tentativas de subjugação ocidentais e orientais, nos séculos XX e XXI, deixa pouco espaço no "cemitério dos grandes poderes" para a vontade de vitimização ocidental.

frustram os anseios imperiais de uma constelação indígena homogênea de mundos em desaparecimento. Eles rejeitam o papel que lhes foi atribuído de uma versão humana da ideia ocidental de natureza pristina, sempre à beira do desaparecimento, sempre precisando ser salva por forasteiros benevolentes e compreensivos. "Nas últimas décadas, a assistência médica e as escolas melhoraram; a participação nos rituais e nas assembleias municipais se intensificou", nota Ramirez.

De fato, muitos Wixárika dirigem SUVs e moram em mansões, embora, ao mesmo tempo, vivam, por vários meses, sem as comodidades modernas, a fim de participar de cerimônias de peyote e plantar milho de forma tradicional e artesanal (sem o uso de tecnologias modernas). Muitos Wixárika não deixaram para trás, de maneira alguma, suas crenças e práticas, mas, aparentemente, prosperam no capitalismo moderno.[177] Eles estão crescendo em número, ocupando mais territórios, manipulando habilmente a mídia e vendendo *souvenirs* baratos para turistas, enquanto guardam para si seus artefatos preciosos e mágicos. Ao que parece, alguns de nós estamos menos interessados nas complexas realidades dos povos indígenas, suas lutas e desejos, contradições e táticas, do que em confirmar nosso próprio olhar narcisista sobre outrem.

177 Johannes Neurath, *Peyote, Politik und Polyontologien*, aula, University of Art and Design, Linz, 6 de junho, 2018.

Seu corpo: templo ou castelo de pula-pula

Quanto mais poluídos nos sentimos, mais desejamos algo edificante, puro, pelo qual possamos nos alçar à nossa altura plena. O modo com que olhamos para nossos corpos e o que sentimos pela natureza estão ligados. Portanto, a questão da nossa própria imagem corporal surge ao lado de nossa visão de outras ecologias. Vemos nossos corpos como templos a ser cuidadosamente purificados, como uma igreja digna de reverência, ou como um parque de diversões, espécie de castelo de pula-pula? A atenção especial dos últimos anos ao tabagismo como atividade imoral providencia alguns exemplos. Se você fuma, você não está apenas tratando o seu próprio corpo de maneira irresponsável, mas você também está danificando o meio-ambiente (crianças, animais, funcionários de restaurantes, transeuntes) – esse é o novo senso comum biopolítico. Pesquisas atuais indicam que, pelo menos no sentido ecológico, o oposto pode ser o caso: cada vez mais pássaros estão incorporando pontas de cigarro aos seus ninhos, porque deixam o ninho mais quente e mais macio, além de reduzir, drasticamente, o número de ectoparasitas no ninho.

Pesquisadores da equipe de Monserrat Suárez-Rodríguez, na Universidade Nacional Autônoma do México, estudaram os ninhos de pardais e tentilhões em zonas urbanas e descobriram que os pássaros tinham incorporado pontas de cigarro em 90% dos ninhos analisados.[178] Há muito tempo se sabe que diversas espécies de pássaros se esforçam para entrelaçar certas partes

178 Monserrat Suàrez-Rodríguez, Isabel Lopez-Rull e Constantino Macías Garcia, "Incorporation of Cigarette Butts into Nests Reduces Nest Ectoparasite Load in Urban Birds: New Ingredients for an Old Recipe?", *Biology Letters* 9,1 (2012), 1–3.

de plantas em seus ninhos, quando infestados por ácaros. Do mesmo modo, a nicotina das pontas de cigarro descartadas, presumivelmente, age como um repelente. Afinal, o arbusto do tabaco assim também afasta os insetos.

> Quanto mais pontas de cigarro havia em um ninho, menos ácaros estavam presentes, relataram os biólogos. [...] Eles ofereceram a um bando de ratos a escolha entre um ninho feito de filtros de cigarros usados e um ninho artificial feito do material dos filtros, mas "virgem". O resultado: os parasitas evitaram o ninho de cigarros usados mas ficaram à vontade no ninho livre de cigarros. A conclusão é clara: o uso de resíduos de cigarros como um material para ninhos funciona como medida de controle de pragas, disseram os pesquisadores.[179]

Por muito tempo, uma eco-polícia amante da ordem apresentou a natureza como jardim bem cuidado de gostos morais humanos. Os hábitos de construção de ninhos de pássaros mexicanos, ao lado das canções encharcadas de hormônios de pássaros britânicos, vão contra as fantasias de controle de espaços eco-moralmente puros e corpos bio-moralmente puros.

179 Martin Vieweg, "Kurios: Nester aus Kippen", *wissenschaft.de*, 5 de dezembro, 2012.

ESPADAS EM FORMA DE NUVEM

Agradeçamos, pois, a esse pequeno inseto, o mosquito, que preservou a terra de nossos ancestrais para nós.

– Sanja Doyo Onabamiro, Ibadan, Nigéria[180]

Nos últimos tempos – décadas de 1970 e 1980 – as abelhas tornaram-se o "inseto mascote da política ambiental",[181] superando as campanhas pela salvação das baleias e dos golfinhos. Apesar de os ambientalistas franceses que colocaram uma colmeia de abelhas no telhado da Ópera de Paris à vista de todos, tenham sido imediatamente presos, hoje parece não haver qualquer grande instituição cultural, nas grandes cidades do Ocidente, que não exiba, com orgulho, uma colmeia urbana em seu telhado.

O fruto do trabalho das laboriosas fêmeas desses insetos, em geral, pode ser adquirido em embalagens criadas por artistas locais ou internacionais. Nas lojas

180 Paul F. Russell, *Man's Mastery of Malaria* (Oxford: Oxford University Press, 1955), 244, citando David Turnbull, *Masons, Tricksters, and Cartographers: Comparative Studies in the Sociology of Scientific and Indigenous Knowledge* (New York: Routledge, 2000), 182, nota 13.

181 Mary Kosut e Lisa Jean Moore, "Urban Api-Ethnography: The Matter of Relations between Humans and Honeybees", em *Mattering: Feminism, Science, and Materialism*, ed. Victoria Pitts-Taylor (New York/London: New York University Press, 2016), 245–57, 246.

de presentes dos museus, a proverbial ocupação das abelhas se combina à criatividade de artistas, resultando no eficiente trabalho de relações públicas do apelo das indústrias criativas, sob a égide da sustentabilidade e da diversidade ecológica comercializada.

A abelha é um animal querido por ecocapitalistas, não apenas porque ela conecta a preocupação com a sobrevivência no planeta a interesses da agricultura. E também porque carrega uma bagagem metafórica substancial, na forma de um produtor esforçado – organizado na base da divisão do trabalho – de comestíveis de luxo com valor medicinal e alimentos nutritivos. E tudo isso enquanto conecta grandes cidades à ecologia global. Hoje, as abelhas são apreciadas por um crescente número de novatos no campo da apicultura, "como os animais de estimação urbanos da moda, a ser resgatados e cuidados".[182]

As abelhas têm muito pouco a ver com a natureza, no sentido tradicional. Via de regra, estamos diante de linhagens mantidas em colmeias racionalizadas, chamadas de Langstroth, em homenagem a Lorenzo L.Langstroth. Langstroth desenvolveu o conceito de apicultura moderna e eficiente, inicialmente proposto pelo apicultor suíço François Huber. Não muito tempo

182 Kosut and Moore, "Urban Api-Ethnography", 246. Imagens hegemônicas são sempre instáveis. Apesar de o comportamento das abelhas ser previsível, ele não o é completamente, como mostra o caso das abelhas assassinas africanizadas: fugidas de um experimento de cruzamento brasileiro em 1957, que tinha cruzado a abelha-europeia com abelhas africanas, tais abelhas desenvolveram diversos enxames ferais, que acabaram cruzando a fronteira dos EUA em 1990, onde, devido à sua "mobilidade e agressividade" bem como sua "incapacidade para assumir uma estabilidade de classe trabalhadora", foram consideradas "ameaças à ordem e à eficiência da produção". Anna L. Tsing, "Empowering Nature, or: Some Gleanings in Bee Culture", em *Naturalizing Power: Essays in Feminist Cultural Analysis*, ed. S. Yanagisako e C. Delaney (New York: Routledge, 1995), 113–43, 135.

depois de Jeremy Bentham apresentar seus primeiros modelos para o panóptico, que modernizou a vigilância visual de detentos, as colmeias racionalizadas de Huber tornaram possível a fácil inspeção das abelhas. Tais colmeias consistiam em estruturas de madeira, de dimensões idênticas, que podiam ser "abertas" como as páginas de um livro.[183] A partir deste momento, nada poderia escapar ao olhar examinador: o que estava pronto para ser coletado; o que estava doente e precisava ser descartado; e o que se poderia deixar prosperar sozinho.

Material de leitura para a viagem ao inferno

As abelhas não são, de modo algum, representantes inocentes da natureza. A conhecida abelha-europeia (*Apis mellifera*) foi introduzida na América do Norte por colonos europeus, e se espalhou tão rapidamente quanto as famílias de colonos brancos. Uma vez que abelhas formam enxames por si mesmas, elas formaram uma vanguarda colonial, que avançou por cinquenta a cem quilômetros à frente da fronteira da colonização, e não se perdeu nos territórios indígenas.[184] Esse detalhe é parte da poética política do anti-faroeste de Jim Jarmusch *Homem Morto* (*Dead Man*, 1995) – provavelmente, o balanço artisticamente mais preciso do mito de fundação, histórico e cinematográfico, dos Estados Unidos –, visto ali com a maior agudeza. Na sequência de abertura do filme, Johnny Depp, interpretando

183 Cf. Juan Antonio Ramírez, *The Beehive Metaphor: From Gaudí to Le Corbusier* (London: Reaktion, 2000), 25–35.

184 Tammy Horn, *Bees in America: How the Honey Bee Shaped a Nation* (University of Kentucky Press, 2006), 19–64.

um contador de Cleveland chamado William Blake, está sentado em um trem, a caminho de assumir oferta de trabalho em uma cidade chamada Máquina. Com o trem (antigo símbolo do progresso e da industrialização), reencena-se a histórica expansão para o oeste. Durante a viagem, os passageiros se tornam cada vez mais assustadores e desolados, tornando-se "endurecidos, esfarrapados, desgrenhados e incivilizados".[185]

A certa altura, saltam e atiram pelas janelas – uma "diversão assassina", que mata bisões às centenas; mais tarde, o foguista, que parece saído de um romance de Kafka, senta-se ao lado do tímido Blake e lhe pergunta o que o terá motivado a fazer uma viagem para o inferno. Por alguns segundos, o inferno é visível na forma de um vilarejo indígena incendiado. Blake, rapidamente, volta sua atenção para a revista que escolhera como sua companhia de viagem ao inferno. A revista se intitula *A Revista Ilustrada das Abelhas*. Agora, por alguns segundos, podem ser vistas propagandas de produtos como "Vandalia": a civilização e a barbárie trocam de lugar. Um dia, os vândalos saquearam Roma; desta vez, os romanos, como verdadeiros bárbaros, estão saqueando os vândalos.

Insetos imperiais

Hoje, as abelhas são, deliberadamente, incorporadas a estratégias neocoloniais de pacificação. A rede de pesquisa das Forças Armadas dos EUA colocou em teste o

185 Jens Martin Gurr, "The Mass-Slaughter of Native Americans in Jim Jarmusch's *Dead Man*: A Complex Interplay of Word and Image", em *Word & Image in Colonial and Postcolonial Literatures and Cultures*, ed. Michael Meyer, Gesellschaft für die Neuen Englischsprachigen Literaturen (Amsterdam: Brill Academic Publishers, 2009), 354–71, 355.

emprego de abelhas como "soldados de seis patas"[186] que, nas próximas guerras, serão "dispositivos detectores eficientes e efetivos para a segurança nacional",[187] projetados para detectar bombas de insurgentes, de forma muito mais rápida e barata – é o que diz um relatório da equipe que coordena o projeto Stealthy Insect Sensor, no Laboratório Nacional de Los Alamos.[188]

Enquanto as abelhas operárias fêmeas realizam toda uma variedade de trabalhos na colmeia, os zangões estão limitados a tarefas muito específicas. Mary Kosut e Lisa Jean Moore traçam as linhas de conexão metafóricas entre a apicultura e a política militar moderna. Isto se dá na figura do trabalho "especializado, específico e secreto" de drones predadores rotineiramente empregados pelos militares dos EUA. Ocorre desde a presidência de Barack Obama, para a execução extrajudicial dos assim chamados "combatentes inimigos": "tanto na cultura das abelhas, quanto na cultura militar, o papel dos drones se reduz a performar uma série de deveres 'heroicos' [a saber] vigilância, bombardeios e infiltração".[189]

Sobreviventes dos ataques dos drones não são poupados de insetos, metafóricos ou reais, visto que os insetos são parte da "guerra ao terror", como revelou, em 2009, a publicação de memorandos da CIA sobre técnicas de tortura aceitáveis. No penúltimo item de

---

186 O uso de armas biológicas, incluindo abelhas e outros insetos, não é exclusivo dos EUA, nem é realmente novo: veja-se Jeffery Lockwood, *Six-Legged Soldiers: Using Insects as Weapons of War* (Oxford: Oxford University Press, 2008).

187 Jake Kosek, "Ecologies of the Empire: On the New Uses of the Honeybee", *Cultural Anthropology* 25,4 (2010), 650–78, 656.

188 Jake Kosek, "New Uses of the Honeybee", em *Global Political Ecology*, ed. Richard Peet, Paul Robbins e Michael Watts (London: Routledge, 2011), 227–51.

189 Lisa Jean Moore e Mary Kosut, *Buzz: Urban Beekeeping and the Power of the Bee* (New York/London: New York University Press, 2013), 138.

uma lista de dez técnicas de tortura "legítimas", entre "privação de sono" e "afogamentos simulados", pode-se ler: "insetos colocados em uma caixa de detenção".[190] A parte não censurada do memorando explica que Abu Zubaydah (preso no Paquistão, em 2002, e transportado através de uma cadeia de prisões da CIA no exterior, da Tailândia, passando pela Polônia e pela Jordânia, até chegar a Guantanamo, para uma estadia indefinida) era tão forte, física e mentalmente, que técnicas normais de interrogatório não funcionavam mais. Seu pavor de insetos deveria ser instrumentalizado, em prol da causa da defesa nacional. De acordo com o memorando, o plano era trancar Abu Zubaydah em uma caixa apertada (a caixa de dezoito horas permite apenas ficar de pé, e a caixa de duas horas, apenas sentar-se), alertando-o de que um inseto com ferrão seria colocado na caixa. O plano verdadeiro, porém, consistia em usar uma lagarta inofensiva.[191] Sem oferecer qualquer justificativa, o memorando explica que essa técnica de tortura específica não era mais usada. Apesar disso, o inseto imaginário permaneceu em segredo até 2009.[192]

Neel Ahuja argumenta que essa técnica, aparentemente sutil, para produzir a verdade através do "toque bestial"[193], segue uma lógica liberal que mede quão humana e civilizada é a tortura pela "intimidade trans-espécies", em termos da alegada ausência de danos físicos e psicológicos permanentes.[194] Para Ahuja, o abandono bem calculado de um método de tortura

190 Jay Bybee, "Memorandum for John Rizzo, Acting General Counsel of the Central Intelligence Agency", U.S. Department of Justice, Office of Legal Counsel, 1º de agosto, 2009, 1–18, 2, www.hsdl.org.

191 Bybee, "Memorandum for John Rizzo", 3.

192 Cf. Neel Ahuja, "Abu Zubaydah and the Caterpillar", *Social Text* 29,1 (2011), 127–49, 128.

193 Ahuja, "Abu Zubaydah and the Caterpillar", 129.

194 Ahuja, "Abu Zubaydah and the Caterpillar", 134.

aparentemente inusual, por parte dos mais altos escalões do governo dos EUA, só encontra sentido em paisagem semântica discursiva mais ampla, que compreende: a atual racialização da "multitude muçulmana escura"; a retórica colonial; a imaginação insetoide de formas terroristas de ação e comunicação; bem como o gênero dos corpos e "afetos usados como armas". "Segundo a estrutura dupla das relações metafóricas entre insetos e a psique terrorista, o inseto é tanto arma contra um inimigo, quanto uma descrição daquele inimigo animalizado; o terrorista-monstro é um inseto que deve ser esmagado, paradoxalmente, pela ameaça da condição de inseto à sua auto-imagem masculina".[195]

Exército de mosquitos

Enquanto as abelhas são, hoje, valorizadas em todo o mundo como portadoras da vida, há outro inseto que não pode ficar fora de qualquer lista da Buzzfeed de insetos mais mortais do mundo: o mosquito. Nenhum outro animal é responsável por tantas fatalidades humanas quanto este inseto. Por tal razão, a erradicação de mosquitos é um foco típico de iniciativas filantrópicas, da Fundação Rockefeller à Fundação Bill & Melinda Gates. E se as linhas de frente não forem tão nítidas?

O termo "imunidade adquirida" descreve o fenômeno pelo qual as pessoas que contraíram cedo na vida malária ou outras doenças, e sobreviveram, têm uma vantagem, se reinfectadas, sobre aqueles que estão lutando contra a doença, pela primeira vez. Como argumenta

195 Ahuja, "Abu Zubaydah and the Caterpillar", 133. Veja-se, também, Jasbir K. Puar e Amit S. Rai, "Monster, Terrorist, Fag: The War on Terrorism and the Production of Docile Patriots", *Social Text* 72 (2002), 117–48.

o historiador John McNeill, isto influenciou relações coloniais e lutas de independência nacional. Por exemplo, quando os Maroons do Suriname foram tomados pela febre revolucionária, nos anos 1770, a febre malárica varreu a força punitiva holandesa. McNeill, de maneira jocosa, demanda um monumento aos mosquitos, ao lado dos presidentes esculpidos no Monte Rushmore. Isto, porque a Revolução Americana, também, poderia ter um resultado diferente, se as forças anticoloniais não tivessem alcançado uma vantagem, por sua imunidade prévia, sobre as tropas de pacificação britânicas.[196]

De fato, as frequentes febres letais, como a malária, foram reconhecidas como a maior ameaça à saúde de europeus em áreas tropicais, e consideradas grande obstáculo para o avanço da colonização sobre os territórios além das áreas costeiras da África, da América do Sul e da Ásia. Analistas militares coloniais consideraram a malária "um inimigo preexistente, que resiste à expansão imperial".[197] Porém, somente no final do século XVIII, a batalha entre a malária e o militarismo alcançou o seu auge, como explica a antropóloga Diane Nelson:

> A criação de infra-estrutura de transporte como canais e ferrovias, o posicionamento de tropas e a limpeza do terreno para o plantio de produtos tropicais tiveram que confrontar (além de levantes, fugas, desaceleração do trabalho e outros obstáculos humanos) uma resistência microbiana invisível. Os franceses, britânicos e estadunidenses correram para encontrar uma cura para a malária, de modo a manter os brancos vivos em seu novo meio.[198]

196 John Robert McNeill, *Mosquito Empires: Ecology and War in the Greater Caribbean, 1620–1914* (Cambridge, MA: Cambridge University Press, 2010).

197 Diane M. Nelson, "A Social Science Fiction of Fevers, Delirium, and Discovery: The Calcutta Chromosome, the Colonial Laboratory, and the Postcolonial New Human", *Science Fiction Studies* 30,2 (2003), 246–66, 260.

198 Nelson, "A Social Science Fiction", 260s.

Um oficial colonial francês reclamava, em 1908: "a febre e a disenteria são os 'generais', que defendem os países quentes contra nossas incursões e nos impedem de substituir os aborígenes, dos quais temos que fazer uso".[199] Se as doenças infecciosas eram os generais da resistência anticolonial, à medicina tropical atribuiu-se o papel de um "campo de contrainsurgência".[200]

Não surpreende que os pesquisadores mais importantes desse campo tenham sido oficiais, servindo em postos avançados coloniais. Em 1897, em Calcutá, a rede médico-militar trans-imperial (apoiada por inúmeros ajudantes locais), afinal, teve sucesso em provar, cientificamente, a "teoria do mosquito": os mosquitos foram identificados como os veículos do patógeno da malária de pessoas infectadas para pessoas não-infectadas.[201] A mudança de foco para a teoria microbiana de Pasteur como uma chave para entender as doenças "estruturou um imaginário poderoso das colônias como grandes laboratórios, onde medidas de higiene poderiam ser testadas, e os resultados comparados através do tempo e do espaço".[202] Até então, as teorias predominantes na medicina tropical haviam atribuído a febre a vapores nocivos emitidos pelo solo (daí o nome *mal'aria*, "ar ruim"). "Uma vez que a teoria dos germes foi reconhecida, a ideia de 'meio ambiente' foi internalizada e

---

199 Bruno Latour, *The Pasteurization of France* (Cambridge, MA: Harvard University Press, 1988), 141.

200 Nelson, "A Social Science Fiction", 247.

201 Jeanne Guillemin: "Choosing Scientific Patrimony: Sir Ronald Ross, Alphonse Laveran, and the Mosquito-Vector Hypothesis for Malaria", *Journal of the History of Medicine and Allied Sciences* 57,4 (2002), 385–409.

202 Margaret Lock e Vinh-Kim Nguyen, *An Anthropology of Biomedicine* (Hoboken, NJ: Wiley-Blackwell, 2010), 179.

miniaturizada na forma de entidades invasoras; a chave para o sucesso médico, daí em diante, era obter controle sobre os invasores de corpos".[203]

No controle de mosquitos, a gênese da segregação

De repente, seres humanos, que viviam sob esferas de influência imperiais, passaram a ser vistos como a parte perigosa daquele meio-ambiente, em termos médicos: o Foreign Office logo enviou uma expedição para os recantos mais infestados de malária do Império Britânico. E logo uma criança africana foi identificada como o principal problema. Os africanos adultos exibiam sintomas leves de malária; já as crianças africanas apresentavam, com frequência, doenças graves. A partir do momento em que a medicina colonial os havia definido como o principal reservatório de germes patogênicos, a expedição concluiu seu relatório final com a recomendação urgente de isolar colonos e funcionários brancos de crianças africanas. A sugestão foi aceita. No entanto, quão ampla deveria ser a zona de

203 Lock and Vinh-Kim Nguyen, *Anthropology of Biomedicine*, 43s. William B. Cohen vê isso criticamente, pelo menos em relação à política de expansão francesa. Segundo Cohen, não foi tanto o conhecimento médico da medicina tropical – de que os soldados em batalha, em geral, desconfiavam, seguindo apenas parcialmente suas prescrições, como o uso de quinino –, mas, ao contrário, foi a estabilização política e social das áreas coloniais francesas que possibilitou o crescente recrutamento de tropas locais e a construção de arquitetura militar hostil aos mosquitos (construções feitas de argila, tijolos e pedra, em vez de tendas). Tal foi o que levou, primeiramente, a menor número de baixas por malária (William B. Cohen, "Malaria and French Imperialism", *Journal of African History* 24 (1983), 23–36).

isolamento, para garantir que nenhum mosquito fêmea, sedenta de sangue, pudesse franqueá-la, em sua busca por uma gota de sangue?

Concordou-se que todos os novos assentamentos europeus deveriam ser cercados por uma zona anti-mosquitos de aproximadamente quatrocentos metros de largura, sem quaisquer habitações, onde os locais não poderiam viver, de modo a prevenir mosquitos fêmeas de se banquetear em crianças infectadas e, então, picar um europeu. Em segundo lugar, os cinturões de exclusão tinham por objetivo a proteção contra incêndios florestais, que eram, supostamente, muito comuns nas áreas habitadas por locais; em terceiro lugar, protegeriam os europeus contra "ter seu descanso perturbado por batuques ou outros barulhos caros aos Nativos".[204] Emma Umana Clasberry aponta que essa forma de segregação foi implementada até mesmo em regiões da Nigéria, raramente afetadas por incêndios florestais. A segregação não estava, ainda, restrita a áreas residenciais: "Até mesmo cemitérios eram segregados".[205]

Dado que os mosquitos são criaturas noturnas, a segregação precisava ser imposta, com maior rigor, durante a noite: funcionários e comerciantes realizavam suas tarefas na cidade durante o dia, mas, nas perigosas noites africanas, ficavam em suas comunidades fechadas, protegidos contra crianças e mosquitos. No entanto, devido ao fato de que os europeus não queriam abrir mão do conforto que tornava as colônias tão atraentes, isto é, empregados, a eles foi permitido manter dois

---

204 Emma Umana Clasberry, *Culture of Names in Africa: A Search for Cultural Identity* (New York: Xlibris Corp, 2012), 54.

205 Clasberry, *Culture of Names in Africa*. Veja-se, também, Helen Callaway, *Gender, Culture and Empire: European Women in Colonial Nigeria* (Basingstoke: Macmillan, 1987), 65ss.

empregados domésticos, em cômodos remotos nos fundos da casa, o que prejudicou todos os esforços segregacionistas de saúde.[206]

A doutrina segregacionista contra os mosquitos foi administrada na África sob variados graus de rigor: desde sua forma mais severa no Congo Belga, onde o *cordon sanitaire* incluía um campo de golfe, um jardim botânico e um zoológico; à África Ocidental, onde, na nova cidade de Dakar, após o surto de malária de 1914, todas as tradicionais casas com sótãos nos bairros residenciais europeus foram queimadas; até a colônia alemã de Camarões, onde, em 1904, as autoridades médicas publicaram um mapa da cidade que sugeria dividir a mesma em seis áreas com base na raça e na miscigenação racial.[207]

Em Accra, a capital de Gana, os mercadores europeus tinham permissão de trabalhar perto do porto durante o dia, mas lhes era legalmente exigido que passassem as noites em uma "reserva" europeia, a oitocentos metros de distância – "uma distância que estava além do voo de um mosquito".[208]

Para obter dados mais precisos sobre o comportamento de voo e sobre os padrões da picada dos mosquitos, migrantes foram aquartelados sob armadilhas de mosquitos, ao longo da zona de proteção ao redor do

---

206 Ambe J. Njoh aponta para o aspecto da divisão ideológica, posto que o status de "ameaça sanitária" foi atribuído à parte segregada da população local; para a outra parte, que podia viver, como empregados, nas zonas ricas europeias, isso poderia parecer gratificação pessoal ou mesmo apreço. Cf. Ambe J. Njoh, "Urban Planning as a Tool of Power and Social Control in Colonial Africa", *Planning Perspectives* 24,3 (2009), 301–317, 303.

207 Philip D. Curtin, "Medical Knowledge and Urban Planning in Tropical Africa", *American Historical Review* 90,3 (1985), 594–613, 602.

208 Jonathan Roberts, "*Korle and the Mosquito*: Histories and Memories of the Antimalaria Campaign, Accra, 1942–45", *Journal of African History* 51 (2010), 343–365, 348.

aeroporto, e proibidos de deixar as armadilhas durante a noite.[209] Quando se descobriu que os mosquitos fêmeas podiam voar até cerca de um quilômetro e meio, a vila de Nima, que estava dentro da zona de proteção, foi realocada, isto é, seus habitantes evacuados – não se sabe sob quais circunstâncias.[210]

Na África do Sul, as estações de montanhas se tornaram parte do "circuito de ar limpo", que atraiu muitos europeus doentes e debilitados das cidades superlotadas do velho continente, para recuperar sua saúde nas colônias, antes de voltar aos seus deveres em casa. Ao mesmo tempo, as estações de montanhas e os "alojamentos saudáveis" europeus, finalmente, possibilitaram a reunião familiar de servidores públicos, que haviam deixado famílias em seus países de origem, para trabalhar nas colônias – um processo que ajudou a acabar com décadas de miscigenação racial e de relações pessoais, em vários níveis.[211]

A política colonial de planejamento urbano, de usar o alcance do voo dos mosquitos fêmeas para determinar, exatamente, onde seria permitido à população local viver, durou cerca de dez anos e atingiu seu ápice em 1920. Os responsáveis pelo seu fim foram as elites locais, que pressionaram os funcionários coloniais britânicos, de Hong Kong até a Índia: "Seus argumentos contra a expropriação de suas terras para as necessidades de saúde de um punhado de europeus – que, então,

---

209 Roberts explica: "Embora não haja registros de revoltas por parte dos trabalhadores migrantes contratados como iscas humanas, parece que eles tomavam medidas para manter a sua dignidade e, especialmente, para evitar picadas de mosquitos" ("*Korle and the Mosquito*", 358).

210 Roberts, "*Korle and the Mosquito*", 355.

211 Harriet Deacon, "Racial Segregation and Medical Discourse in Nineteenth-Century Cape Town", *Journal of Southern African Studies* 22,2 (1996), 287–308.

já viviam com empregados africanos, amantes africanas e, às vezes, com os filhos de suas amantes, supostamente letais – foram persuasivos até mesmo para os governadores coloniais".[212]

A política de segregação, por razões de saúde, foi abandonada, ao menos retoricamente – afinal de contas, as cidades já haviam sido construídas –, mas muitos dos modelos de áreas residenciais urbanas segregadas persistiram muito depois daquela época.[213] Nós temos que agradecer à luta contra os mosquitos por uma das piores ideias na história política das relações sociais: a segregação. O conceito surgiu, originalmente, na área médica e significava o isolamento de *indivíduos* "contagiosos". A primeira vez em que a expressão foi usada para denotar a separação espacial de um *coletivo* foi em um volume de 1904 do *British Medical Journal*: "Manson proclamou também a segregação como a primeira lei de higiene para europeus nos trópicos".[214] Como "termo de classe, ela logo se tornou, na África do Sul, nos Estados Unidos da América e em outros lugares, uma palavra-chave para as relações raciais no século XX".[215]

212 Carl H. Nightingale, Segregation: *A Global History of Divided Cities* (Chicago: University of Chicago Press, 2015), 176.

213 Cf. Curtin, "Medical Knowledge and Urban Planning in Tropical Africa"; Njoh, "Urban Planning as a Tool of Power and Social Control in Colonial Africa".

214 Citado em John W. Cell, "Anglo-Indian Medical Theory and the Origins of Segregation in West Africa", *American Historical Review* 91,2 (1986), 307–335, 308.

215 Cell, "Anglo-Indian Medical Theory and the Origins of Segregation", 332.

Mulheres no Panamá

No início do século XX, a descoberta dos mosquitos como vetores da malária e da febre amarela fez ressurgir planos antigos como a construção do Canal do Panamá (1904-1914), que iria ligar os oceanos Atlântico e Pacífico. Finalmente, a maioria dos trabalhadores deixava de ficar sempre doente ou morrer.[216]

Em 1916, o diretor do Bureau de Entomologia dos EUA e, por muito tempo, secretário geral da *American Association for the Advancement of Science* regozijou-se por tal sucesso, como "uma lição para os sanitaristas do mundo" – pois demonstrava "que é possível para a raça branca viver com saúde nos trópicos".[217] Como escreve Timothy Mitchell: "Em 1915, no ano seguinte à conclusão do canal, a recém estabelecida Fundação Rockefeller assumiu a campanha do exército estadunidense contra o mosquito e lançou um programa mundial para o estudo e controle das duas doenças transmitidas pelos mosquitos".[218] As doenças seriam derrotadas não pela melhoria nas condições sociais ou por intervenção médica, mas pela eliminação física da espécie hostil. Pela primeira vez, foi declarada guerra ao mosquito.[219]

---

216 Cf. Paul S. Sutter, "Nature's Agents or Agents of Empire? Entomological Workers and Environmental Change During the Construction of the Panama Canal", *Isis* 98,4 (2007), 724–54; Maria Kaika, "Dams as Symbols of Modernization: The Urbanization of Nature Between Geographical Imagination and Materiality", *Annals of the Association of American Geographers* 96,2 (2006), 276–301.

217 Sutter, "Nature's Agents or Agents of Empire?", 725.

218 Mitchell, *Rule of Experts*, 19–53, 26.

219 Na época, a Comissão Sanitária para a Erradicação da Ancilostomíase da Fundação Rockefeller havia terminado sua campanha bem-sucedida contra uma espécie de nematódeo chamada *Necator americanus* (em Latim, "matador americano") em onze estados sul-americanos, que durou de 1909 a 1915, e se tornou parte da Divisão Internacional de Saúde da Fundação Rockefeller. A conexão

A urgência e severidade das medidas para o combate de doenças perigosas sempre tiveram o efeito colateral da pacificação social. Em 1918, George Vincent, presidente da Fundação Rockefeller, declarou, candidamente: "Para os propósitos de aplacar povos primitivos e desconfiados, a medicina tem algumas vantagens evidentes sobre as metralhadoras".[220]

A construção do canal do Panamá, uma das mais importantes "utopias de transporte" do século XX, não permitiu apenas que *commodities* fossem transportadas com maior rapidez e eficiência, mas também promoveu a expansão militar dos Estados Unidos no Caribe.[221] A ocupação estadunidense da Zona do Canal já havia trazido as leis racistas de Jim Crow, que haviam sucedido à abolição da escravidão nos EUA, para a estrutura espacial ao redor do canal. Ainda assim, quando, durante as duas Guerras Mundiais, a crescente presença de tropas estadunidenses e o fluxo de trabalhadores migrantes na Zona do Canal aumentou o medo de doenças sexualmente transmissíveis, "um estado de guerra medicalizado [...] atacou o ambiente, usando o modelo das campanhas anti-malária voltadas ao controle de mosquitos".[222]

Análogo às águas paradas onde as larvas dos mosquitos se desenvolvem, e aos próprios mosquitos, o corpo feminino era agora declarado um reservatório de

---

entre a pobreza, a raça e as infecções pelo nematódeo assassino tiveram um papel importante na formação da percepção cultural e auto-imagem dos afetados. Cf. Matt Wray, *Not Quite White: White Trash and the Boundaries of Whiteness* (Durham: Duke University Press, 2006), 96–132.

220 Wray, *Not Quite White*, 96.

221 Ricardo Salvatore, "Imperial Mechanics: South America's Hemispheric Integration in the Machine Age", *American Quarterly* 58,3 (2006), 663–91, 663s.

222 Neel Ahuja, *Bioinsecurities: Disease Interventions, Empire, and the Government of Species* (Durham: Duke University Press, 2016), 19.

patógenos. Repetidas vezes, esse corpo supostamente primeiro infectava as tropas estadunidenses, para depois se espalhar para as esposas brancas em casa: "O imaginário espacial, estabelecido pelo controle dos mosquitos transmissores da malária, influenciou profundamente as cartografias" das doenças sexualmente transmissíveis, como a gonorreia e a sífilis, bem como a tentativa de controlá-las.[223] Embora as próprias tropas estadunidenses fossem um excelente veículo para a disseminação global de doenças, o risco foi unilateralmente deslocado para a população local e para os trabalhadores migrantes, "confundindo o corpo da trabalhadora do sexo com a própria ocupação estadunidense".[224]

Além da inspeção e do fechamento de bordéis, do estabelecimento e expansão de esquadrões anti-vício e estações de profilaxia, durante a noite, mulheres eram apreendidas por toda a cidade e testadas à força para doenças sexualmente transmissíveis. Se os resultados fossem positivos, ficavam detidas em prisões-hospitais, por até seis meses. O controle sobre a movimentação de mulheres em espaços públicos como potenciais trabalhadoras do sexo e reservatórios de doenças exercia-se na mesma época em que ativistas dos direitos das mulheres estavam, cada vez mais, chamando atenção para si mesmas, nos anos 1940.[225]

---

223 Ahuja, *Bioinsecurities*, 77.

224 Ahuja, *Bioinsecurities*, 73. Para uma discussão acerca da campanha cinematográfica do Exército dos EUA contra o mosquito Anopheles na década de 1940 – retratado como o segundo maior inimigo na guerra e transformado em um "substituto para alertas sobre alcoolismo, homossexualidade, imoralidade, doenças sexualmente transmissíveis e o medo (ou desejo) de penetração sexual" –, veja-se Gudrun Löhner, "Anopheles Anni vs. Malaria Mike", em *Tiere im Film. Eine Menschheitsgeschichte der Moderne*, ed. Maren Möhring, Massimo Perinelli e Olaf Stieglitz (Köln: Böhlau, 2009), 193–205, 194.

225 Ahuja, *Bioinsecurities*, 99; veja também 216, nota 13.

O fascismo e a deusa da febre

Ao mesmo tempo em que as mulheres no Panamá se tornavam objeto de vigilância policial como meio de combate de doenças, o fascismo italiano tentava derrotar uma natureza imaginada como feminina, ao declarar como prioritário civilizar os Pântanos Pontinos. Cícero, o antigo retor romano, já havia descrito essa paisagem ao sudeste de Roma como "nem agradável, nem saudável". Em dois mil anos, isso pouco se alterou. A área pantanosa ainda era o *habitat* do mosquito *Anopheles* e o domínio da "Deusa da Febre".[226]

No fascismo italiano, a malária parecia ser falha de uma natureza primitiva, feminina e estéril, cujo desenvolvimento improdutivo deveria ser evitado pelo uso da ciência e da tecnologia, da química e da propaganda, transformando-a em um segundo estado da natureza: "O mosquito foi tomado pelos fascistas como exemplo do caráter maligno da natureza pré-fascista dos pântanos". Os esforços para criar "uma área rural idílica, consoante aos ideais fascistas de produtividade e de ação no quadro dos interesses do estado"[227] incluíram: a ampla eletrificação da região; a construção de milhares de quilômetros de estradas, canais e "grandes estações de drenagem e bombeamento chamadas *impianti idrovori*, em italiano, literalmente, instalações de maquinário 'comedor de água'"; a fundação de um Instituto Antimalária; o emprego de veteranos de guerra na plantação de eucaliptos, que absorvem água, na região (as árvores fizeram muito bem seu trabalho, razão pela qual elas

---

226 Federico Caprotti, "Malaria and Technological Networks: Medical Geography in the Pontine Marshes, Italy, in the 1930s", *Geographical Journal* 172,2 (2006), 145–55, 147.

227 Caprotti, "Malaria and Technological Networks", 149s.

foram, mais tarde, arrancadas, a um alto custo. Como consequência, há, nessa área, cerca de quatro tornados, por ano); o uso de peixes para comer as larvas dos mosquitos; o estabelecimento da milícia anti-mosquitos; e a construção de acampamentos para crianças, cujas construções eram envoltas em dez camadas de arame, para protegê-los dos mosquitos. "A ênfase fascista nos aspectos técnicos e tecnológicos do programa de retomada da terra era, também, característica de uma visão positivista da ciência e do conhecimento geográfico, que visava controlar, racionalizar e, em última instância, criar um império sobre uma área previamente desconhecida ou 'indomada'".[228]

Progresso tóxico

Ao mesmo tempo, no Pacífico, apesar de todas as contramedidas, a malária infligia mais fatalidades aos Aliados do que as forças Japonesas. A descoberta de uma molécula poderosa trouxe, entretanto, novo impulso às campanhas anti-malária: "Da perspectiva da entomologia médica, o resultado mais interessante da Segunda Guerra Mundial foi a descoberta do DDT".[229]

O diclorodifeniltricloroetano já havia sido sintetizado, na Alemanha, na década de 1870. Mas foi apenas nos últimos anos da Segunda Guerra que as pessoas conheceram uma propriedade especial do DDT: a molécula não apenas matava larvas de mosquito na água,

228 Caprotti, "Malaria and Technological Networks", 153.

229 Leo Barney Slater e Margaret Humphreys, "Parasites and Progress: Ethical Decision-Making and the Santee-Cooper Malaria Study, 1944–1949", *Perspectives in Biology and Medicine* 51,1 (2008), 103–120, 107.

mas também meses depois de uma superfície ter sido tratada com DDT, ainda era letal para qualquer mosquito que pousasse nela.

Mais uma vez, a Fundação Rockefeller entrou em ação e, em conjunto com a Organização Mundial da Saúde, a Agência para o Desenvolvimento Internacional dos EUA e a ONU, lançou o Programa Global de Erradicação da Malária, que coordenou a aplicação mundial de DDT nas décadas de 1950 e 1960, com o objetivo de eliminar a malária. Essa substância mortal tornou-se parte de uma ordem pós-guerra, que organizou a guerra e a agricultura como campos afins: "Tratores e tanques se desenvolveram lado a lado. Fertilizantes sintéticos de nitrogênio foram manufaturados a um baixo custo em fábricas de amônia, construídas principalmente para produzir explosivos de nitrato. Inseticidas orgânicos modernos surgiram de pesquisas de armas de gás entre as guerras, enquanto a pulverização aérea deve muito a métodos de combate aéreo e a tecnologias inicialmente desenvolvidas na Primeira Guerra Mundial".[230]

No Programa Global de Erradicação da Malária, a saúde e a química tornaram-se partes essenciais de uma visão tecnocrática da modernidade, que alinhava os guerreiros da guerra fria e os habitats quentes no campo de batalha. No contexto de movimentos de descolonização e de construção de nações após a Segunda Guerra Mundial, o mosquito fêmea foi declarado inimigo do estado: na Argentina peronista, foi declarado estado de emergência na luta contra os mosquitos, de modo a usar de repressão policial violenta, para pulverizar com DDT

230 Nicolas Rasmussen, "Plant Hormones in War and Peace: Science, Industry, and Government in the Development of Herbicides in 1940s America", *Isis* 92,2 (2001), 291–316, 292.

cada barraco nos bairros miseráveis.[231] É muito provável que o primeiro ato internacional do presidente egípcio Nasser, assim que chegou ao poder, em 1952, tenha sido assinar um acordo com a OMS e o Unicef para estabelecer uma fábrica de DDT próxima a Kafr Zayat, "que produziria duas toneladas por ano de DDT pronto para uso".[232]

O cenário da criação de nações e das campanhas anti-malária, frequentemente, tinha algumas características militaristas: em 1955, um importante jornal indiano relatou que a Corporação Ahmedabad tinha pulverizado sete mil casas em bairros da classe trabalhadora com DDT, por ocasião da Semana Mundial da Saúde. Em Shillong, no nordeste da Índia, e ao sul, em Hyderabad, grandes manifestações foram organizadas por médicos e enfermeiras, que carregavam cartazes com a frase "Levem Vidas Saudáveis e Mantenham Seus Ambientes Limpos". Ao mesmo tempo, dois aviões da Força Aérea Indiana lançavam panfletos de saúde sobre a população de Hyderabad e Secunderabad — apenas sete anos depois de Hyderabad ter sido incorporada à força ao novo estado indiano. Isso era tanto uma promessa de saúde no futuro, quanto uma afirmação poderosa de que, o que quer que acontecesse, aconteceria no Estado recém-estabelecido.[233]

Na mesma época, avolumavam-se os relatos dos efeitos desastrosos dos testes de campo globais dos inseticidas químicos. Em retrospecto, a política militar de erradicação se provou não apenas fútil e contraproducente

231 Eric D. Carter, "'God Bless General Perón': DDT and the Endgame of Malaria Eradication in Argentina in the 1940s", *Journal of the History of Medicine and Allied Sciences* 64,1 (2008), 78–122.

232 Mitchell, *Rule of Experts*, 50.

233 Sunil S. Amrith, *Decolonizing International Health: India and Southeast Asia, 1930–65* (New York: Palgrave Macmillan, 2006), 104.

(os números absolutos e relativos de infecções por malária são, globalmente, mais altos do que antes do início da campanha de erradicação) mas, com a publicação do livro *Primavera Silenciosa* (1964), de Rachel Carson, que retratou os efeitos do veneno em populações de pássaros, promoveu também o surgimento do movimento ecológico no Ocidente e levou ao banimento do DDT nos Estados Unidos. Apesar do sucesso inicial, mosquitos resistentes ao DDT se desenvolveram rapidamente, primeiro na Sardenha e, depois, na Grécia, onde o DDT havia sido aplicado à exaustão. Nas décadas de 1960 e 1970, a malária reapareceu em muitos locais e a ideia de que a malária poderia ser eliminada foi adiada para um futuro distante.

"Desde a década de 1990, a era pós-erradicação foi interpretada como uma época de confusão total, mesmo de anarquia",[234] uma vez que as opiniões acerca do que esse período possa nos ensinar – se é que tem algo a nos ensinar – são bastante diversas. De acordo com o antropólogo David Turnbull, uma das maiores razões para tal confusão é o fato de que a malária é um caso de *motley:* mosaico ou colcha de retalhos, termo reminiscente das vestimentas coloridas dos bobos da corte. Pensar a malária como *motley* significa entender o fenômeno como "uma miscelânea de diferentes cepas do parasita e de processos em interação",[235] antes de atribuir a doença à mera presença de uma espécie estrangeira no corpo humano.

---

234 Alfons Labisch, "Species Sanitation of Malaria in the Netherlands East Indies (1913–1942): An Example of Applied Medical History?", *Michael Quarterly* 7 (2010), 296–306, 298.

235 David Turnbull, *Masons, Tricksters, and Cartographers: Comparative Studies in the Sociology of Scientific and Indigenous Knowledge* (New York: Routledge, 2000), 165–94, 166.

Turnbull enumera as várias conceitualizações da malária durante o século XX, vista como problema político, administrativo, social, técnico, econômico ou ecológico. Enquanto na Papua Nova Guiné, os habitantes de regiões costeiras reservavam a ela a expressão Tok Pisin – "samting nating" (nada importante). E malariologistas declaravam, nos Estados Unidos, após falharem todas as tentativas de produzir a vacina, em exasperação tautológica, que a malária é tudo aquilo que reage a drogas antimalária.[236]

Precisamente, aquilo que reage a drogas antimalária permanece indefinido e perigoso em potencial. Mas isso não impediu exércitos ou companhias farmacêuticas de, repetidamente, prometer e administrar drogas preventivas "seguras". Em 2002, houve relatos de ataques de fúria de quatro veteranos de guerra estadunidenses que, pouco tempo antes, haviam retornado a seus lares na Carolina do Norte, vindos do Afeganistão: independente uns dos outros, todos assassinaram suas esposas (uma delas tinha setenta e uma feridas a faca). Esses quatro veteranos haviam usado Lariam (mefloquina), para prevenir a malária. A Lariam foi desenvolvida, em conjunto, pelo Instituto Walter Reed de Pesquisa do Exército (WRAIR), pelo Exército dos EUA e pela companhia farmacêutica F. Hoffmann-La Roche AG. A Lariam — não se sabe, exatamente, como ela funciona — está associada a desordens neuropsiquiátricas severas, incluindo o comportamento maníaco, psicose aguda com delírios, e mudanças de humor agressivas; nesse caso, as suspeitas logo recaíram sobre a droga.[237] Diane Nelson aponta um relatório oficial do exército que livrou a droga de quaisquer suspeitas, pouco antes

236 Turnbull, *Masons, Tricksters, and Cartographers*, 168.

237 Catherine Lutz e Jon Elliston, "Domestic Terror", *The Nation*, 14 de outubro, 2002, 14–16.

que fosse distribuída para 200.000 soldados no Iraque: "Não houve qualquer menção ao próprio treinamento militar como droga letal; ou ao fato de que a disposição dos soldados em morrer os torna excelentes cobaias em laboratórios militares, onde drogas não aprovadas são testadas, o tempo todo".[238]

Imperial, colonial, nacional, não-governamental

A história da luta contra o mosquito fêmea é um espelho da história do capitalismo no século XX: após os períodos imperial, colonial e nacionalista do combate aos mosquitos, estamos agora na fase das ONGs, caracterizada pelo encolhimento dos orçamentos de saúde dos governos, pela privatização por meio de programas de ajuste estrutural, e pela atividade intensificada de organizações não-governamentais e agências de desenvolvimento. A Fundação Rockefeller esteve, mais uma vez, na linha de frente quando, em 2018, a Fundação Bill & Melinda Gates declarou que estava investindo 3,4 bilhões de dólares no desenvolvimento de mosquitos machos geneticamente modificados. Quando liberados em grandes quantidades, toda a sua prole morrerá após uma única reprodução – ao menos, esse é o plano. Os mosquitos não mais transmitem malária, eles se tornaram agentes de saúde: "Mosquitos geneticamente modificados tornam os próprios mosquitos um produto comercial; um produto comercial em uma economia

238 Nelson, "A Social Science Fiction", 263, nota 6.

política fundada por iniciativas filantrópicas, moldada por subsidiárias de universidades privadas e caracterizada por desigualdades econômicas".[239]

Ainda não estão claras as consequências dessa nova estratégia de liberar bombas de reprodução insetoide, mas os efeitos da última campanha global, na fase não-governamental, já estão se fazendo sentir. Iniciativas beneficentes dedicadas à distribuição gratuita de redes de mosquitos, impregnadas com inseticidas, levaram a uma redistribuição econômica dos produtores locais de redes de mosquitos tradicionais para indústrias no Vietnã e na Tailândia, capazes de produzir quantidades enormes de redes tratadas com inseticidas.[240]

Um estudo dos efeitos dessas redes de mosquitos modernas em Gana mostra que, após a melhora inicial, a situação pode se tornar, consideravelmente, pior: o principal efeito das redes com inseticidas não é afastar os mosquitos das pessoas (as redes tradicionais também o faziam); mas fazer com que o contato com a rede seja fatal para os mosquitos e, ainda, que os mosquitos sejam dissuadidos de se aproximar da rede, uma vez que os produtos químicos têm um efeito repelente. Em outras palavras: o tratamento com inseticida produz uma segunda rede bioquímica, que é mais forte do que a própria rede de tecido. O resultado é uma imensa pressão para a adaptação: primeiro, mosquitos comuns morrem

---

239 Uli Beisel e Christophe Boëte, "The Flying Public Health Tool: Genetically Modified Mosquitoes and Malaria Control", *Science as Culture* 22,1 (2013), 38–60, 58. Esse é um bolo bioeconômico, do qual mercados emergentes como o Brasil também querem um pedaço. Cf. Luisa Reis- Castro e Kim Hendrickx, "Winged Promises: Exploring the Discourse on Transgenic Mosquitoes in Brazil", *Technology in Society* 35 (2013), 118–28.

240 Uli Beisel, "Markets and Mutations: Mosquito Nets and the Politics of Disentanglement in Global Health", *Geoforum* 66 (2016), 145–55, 145.

em grande número ou não se aproximam das redes. No interior da população de mosquitos, no entanto, proliferam subpopulações, que reagem com um comportamento diferente: evitar espaços fechados e entrar em atividade mais cedo, o que significa que mesmo as redes sem inseticidas perdem a sua eficácia, e o número de infecções se torna maior do que antes da distribuição gratuita das redes.

Para o antropólogo Uli Beisel, a obstinação dos mosquitos em relação às tentativas de controlá-los mostra-se, por um lado, no comportamento alterado descrito acima e, por outro, em termos físicos, na forma da crescente tolerância dos mosquitos aos inseticidas. Esta última ocorre, primeiramente, em mutações, precisamente naquelas partes do sistema nervoso dos insetos que são alvo das toxinas; em segundo lugar, por mudanças metabólicas, que tornam as toxinas inofensivas, antes que elas cheguem ao seu alvo; e, em terceiro lugar, pela adaptação da cutícula do mosquito, através da qual a toxina é absorvida. Semelhanças químicas entre as toxinas anti-mosquitos para interiores (redes e aerossóis) e aquelas usadas na agricultura levam a imunizações cruzadas, que reforçam a nova resistência.[241]

Os animais, na modernidade, funcionaram como o outro dos humanos (natureza, instinto, selvageria, ausência de fala, ausência de história, ausência de alma, e assim por diante); os insetos, por sua vez, são o outro dos animais. Os insetos não parecem ter qualquer tipo de individualidade; eles nem ao menos têm um rosto, no qual poderíamos ler as expressões de uma vida interna. Declarar que humanos são insetos é, assim, a forma mais radical de desumanização.

---

241 Beisel, "Markets and Mutations", 150.

Na modernidade ocidental, lidar com insetos desagradáveis e com potencial mais letal assumiu, quase sempre, a forma de um confronto militar voltado à aniquilação. A proposta de Uli Beisel de um cessar-fogo parece, então, provocativa: "E se manejar mosquitos não for acerca da melhor maneira de eliminá-los, mas antes, interrogar como podemos encontrar modos de tolerar a coexistência entre nós e eles?".[242]

Os cupins de Hamburgo

A batalha contra os mosquitos fez parte das estratégias de expansão colonial, mas, no século XX, um outro inseto saiu em busca de colonizar os próprios colonizadores. Estamos falando do cupim, cuja conquista de uma cidade no norte da Alemanha também abalou certezas acerca de quais animais pertencem a quais locais.

Quando, no século XVIII, a África estava sendo mapeada e explorada por um exército de cientistas, os colonialistas foram forçados a perceber — que surpresa! — que a África já havia sido colonizada: pelas formigas brancas, como os cupins eram, originalmente, conhecidos. Mais tarde, legiões de fotógrafos etnográficos retrataram pessoas aparentemente primitivas e suas cabanas próximas à arquitetura elaborada desses outros africanos que, em comparação, pareciam edifícios de altura inimaginável, deixando os engenheiros europeus em estado de perplexidade e inveja.[243]

242 Beisel, "Markets and Mutations", 153.

243 Eva Johach, "Termitewerden: Staatenbildende Insekten im Industriezeitalter", *Kultur & Gespenster* 4 (2007), 20–37, 21. Cf. Douglas Starr e Felix Driver, "Imagining the Tropical Colony: Henry Smeathman and the Termites of Sierra Leone", em *Tropical*

Foi provavelmente pouco tempo depois de o Império Alemão ter executado uma campanha racista de punição coletiva contra os povos Herero e Nama na colônia do Sudoeste Africano Alemão (hoje, Namíbia), no início do século XX, que os próprios colonizadores foram colonizados – pelos cupins.[244]

As "criaturas destruidoras, devoradoras de madeira",[245] muito provavelmente, chegaram a Hamburgo na madeira importada, que seria usada para revestimentos no novo sistema de aquecimento de Hamburgo. Os cupins talvez não sobrevivessem a um único inverno do norte da Europa, mas eles tiveram sorte, pois, em 1921, a companhia elétrica local havia começado a canalizar o calor residual da geração de eletricidade, por um sistema de tubulação para escritórios do governo e residências.[246] A implementação de um sistema de aquecimento sob a

---

Visions in an Age of Empire, ed. Felix Driver e Luciana Martins (Chicago: University of Chicago Press, 2005), 92–112.

244 Por muito tempo, acreditou-se que se tratava do *Reticulitermes flavipes* (*Kollar*), o cupim mais comum na América do Norte. Pesquisas atuais sugerem outra conclusão: a população de cupins de Hamburgo parece consistir em seus "primos" do sul da Europa – *Reticulitermes lucifugus*. Veja Udo Sellenschlo, *Vorratsschädlinge und Hausungeziefer: Bestimmungstabellen für Mitteleuropa* (Heidelberg: Springer Verlag, 2010), 49.

245 Nel Yomtov, *From Termite Den to Office Building* (Ann Arbor: Cherry Lake Publishing, 2014), 10.

246 De acordo com Abraham Margolis, o engenheiro-chefe da empreitada, a motivação para o projeto foi a alta do preço dos combustíveis, após a Primeira Guerra Mundial. O próprio Margolis, no entanto, enxergou muito mais no aquecimento elétrico: aspectos sócio-políticos, higiênicos, médicos e ecológicos. Depois de ele ter sido retirado da administração da corporação pelos nazistas em 1930, Margolis se estabeleceu no Reino Unido e continuou o seu trabalho em outra empresa, que traria o aquecimento elétrico para o bairro residencial de Pimlico, em Londres (Wolfgang Mock, "Margolis, Abraham", *Neue Deutsche Biographie* 16, 1990, 169s. Cf. Charlotte Johnson, "District Heating as Heterotopia: Tracing the Social Contract through Domestic Energy Infrastructure in Pimlico", *Economic Anthropology* 3,1 (2016), 94–105).

cidade ofereceu aos cupins a solução para o problema do clima frio do norte europeu: "Os canos, mal isolados, aqueceram o solo, a madeira era deliciosa – tudo ia bem para os cupins".[247]

O outro problema – a madeira muito seca para os objetivos dos cupins – foi solucionado pelos próprios animais, que construíram túneis de lama no solo. Isso forneceu à colônia a umidade necessária para impedir que secassem a pele fina e o corpo macio de seus membros. Com milhares de bocas famintas, a colônia de cupins, então, avançou pelo subterrâneo de Hamburgo e atravessou os espaços abertos em túneis protetores.

Tudo indica que os cupins estavam vivendo em uma colônia pujante, quando foram descobertos, em 1937. Um trabalhador da construção civil havia colocado sua jaqueta sobre uma pilha de madeira próxima à entrada do sistema de aquecimento da cidade – e, quando retornou, a pilha havia se tornado um monte de serragem.

Os dutos de aquecimento eram não apenas um lar ideal para os cupins durante o inverno, mas serviram também como trilhos subterrâneos para a colonização da cidade: os cupins seguiram a rede de dutos e subiram até às árvores do distrito de Karolinenviertel ("Karoviertel") e do Fórum de Justiça, onde vivem até hoje.

O Karoviertel foi, aos poucos, ocupado por um exército conveniente de pessoas criativas, tornando-se um bairro residencial badalado com todos os conhecidos problemas da gentrificação; ao mesmo tempo, o venerável Fórum de Justiça (que abriga a Corte Superior Regional, a Justiça Criminal e a Justiça Civil) era atacado por baixo. Um funcionário da cidade relata que o pior pesadelo de qualquer proprietário havia se tornado

---

247 "Karoviertel, Termiten-Attacke", *Hamburger Morgenpost*, 9 de fevereiro de 2009.

realidade, quando servidores públicos descobriram que os cupins devoravam os registros de imóveis – milhares de minúsculos Bakunins.[248]

Um objetivo estratégico de todas as revoltas anarquistas, ao estilo de Bakunin, foi destruir a maior quantidade possível de registros locais de escrituras de imóveis e dívidas bancárias, antes que o regime de classes ordinário fosse restaurado. Ironicamente, um veneno anti-cupins contemporâneo tem sido vendido pela BASF sob o rótulo Termidor, estabelecendo, ainda que sem intenção, uma conexão ao termo "Termidor", cunhado por Leon Trotsky, que denota a fase contrarrevolucionária da restauração burocrática do poder.[249] Na Novilíngua corporativa apresentada na página do Termidor na internet, controle significa matar, *design* significa extermínio, e tempo de vida é uma marca registrada: "Para a melhor solução de controle de cupins, use Termidor® [...] como se vê em Designing Spaces no canal Lifetime®".[250]

Os arquivos foram, rapidamente, realocados, mas, mesmo depois de uma série de contramedidas, ao longo dos últimos noventa anos – que incluiu a instalação subterrânea de barricadas de vidro e o emprego massivo de calor para secar os insetos –, os cupins ainda são um problema. Até a remoção de casas inteiras e o uso de uma terapia hormonal experimental, por parte de uma divisão de pesquisa do exército alemão, pouco ajudaram.[251]

---

248 Conforme entrevistas de especialistas com diversos funcionários municipais, entre abril e maio de 2013 (em colaboração com a arquiteta e pesquisadora Christina Linorter).

249 Termidor era o décimo-primeiro mês do calendário da Revolução Francesa, que correspondia de meados de julho a meados de agosto; significa, literalmente, "mês do calor". Maximilien de Robespierre foi derrubado neste mês do ano de 1794.

250 www.termidorhome.com

251 De acordo com entrevistas de especialistas com diversos funcionários municipais, entre abril e maio de 2013 (com Christina Linorter).

A velha tática de envenenamento, em massa, de distritos inteiros com substâncias altamente tóxicas e a introdução de todo tipo de inseticidas em tijolos e madeira eram comuns nos anos 1980, mas a arma mais recente é o envenenamento inteligente por meio de "doses homeopáticas" de substâncias letais – em concentrações baixas o bastante para ser carregadas de volta à colônia, de modo que o veneno possa se acumular ao longo do tempo e surtir efeito. De acordo com estimativas oficiais, em certas partes da cidade, 95% da população de cupins de Hamburgo foi exterminada, mas, enquanto isso, novas áreas foram colonizadas. As crianças são advertidas em materiais didáticos alemães: "O sucesso está sempre em risco: às vezes, os cupins não gostam do sabor da isca; às vezes, uma zona livre de cupins é reinfestada".[252]

Ecos nacionais

Ainda que os cupins tenham, por certo, custado à cidade e aos proprietários de imóveis somas consideráveis de dinheiro, só há pouco algumas espécies de cupins foram cientificamente definidas como "invasivas": 27, das 2.750 espécies de cupins descritas, recaem nessa categoria, sendo a circulação de mercadorias o fator mais importante de sua disseminação.[253] A invasividade de espécies biológicas pode parecer óbvia, mas, na verdade, ela não é fácil de se observar. Além disso, a área

252 Silke Klöver, *Was hat die Globalisierung mit uns zu tun? Grundwissen erwerben–Zusammenhänge erkennen* (Buxtehude: Persen Verlag, 2011), 21.

253 Theodore A. Evans, Brian T. Forschler e Grace J. Kenneth, "Biology of Invasive Termites: A Worldwide Review", *Annual Review Entomology* 58 (2012), 455-74, 457.

de pesquisa da ecologia da invasão, que não havia sido estabelecida até 1958, tem a reputação de ser, particularmente, "rica em jargões",[254] vale dizer, os termos usados nessa área, com frequência, não são definidos com precisão ou aceitos universalmente.

O problema historicamente controverso da invasividade mantém estreita conexão com o conceito de *habitat*. Porém, o que é um *habitat*? O termo *habitat* descreve uma unidade espacial entre indivíduos e espécies: o espaço que uma determinada população precisa para poder se reproduzir. O termo foi utilizado pela primeira vez no *Systema Naturae* (1758) de Lineu. O termo latino *habitat* significa, simplesmente, "ele/ela vive" ou "ele/ela mora" e era, originalmente, usado como verbo, denotando, assim, uma atividade; mais tarde, consolidado, assumiu o significado de um território espacial específico. Nessa nova forma, seria, portanto, espaço passível de ser invadido ou conquistado por organismos "alheios, aventureiros, exóticos, estrangeiros, não originários, não nativos e novos".[255] O *habitat* se tornou um conceito reminiscente da ideia de nação, com fronteira fixa, estável e controlada.

A questão, só aparentemente inocente, acerca de onde cada animal vive ou deve viver, não se separa, com nitidez, dos discursos da história política, de maior alcance, em que tais questões são feitas e respondidas. A estudiosa da ciência Donna Haraway investigou a história das ideias acerca do sistema imunológico durante a Guerra Fria[256]: os paralelos entre a conceitualização de

254 Theodore A. Evans, "Invasive Termites", em *Biology of Termites: A Modern Synthesis*, ed. David Edward Bignell, Yves Roisin e Nathan Lo (New York: Springer, 2011), 519–62, 520.

255 Evans, "Invasive Termites", 521.

256 Donna Haraway, "A biopolítica dos corpos pós-modernos: constituições do eu no discurso do sistema imunológico", em *A Reinvenção*

modelos e metáforas microscópicos e geopolíticos são notáveis. As ideias científicas acerca do sistema imunológico parecem ter saído de uma declaração da missão da OTAN: a definição, agora defendida com paixão, de interior e exterior, aparenta ser parte da autoproteção dos corpos e associação de estados; em consequência, identificação e neutralização de infiltrados externos e fontes internas de perigo (como células adormecidas), que poderiam, a qualquer tempo, mutar de um inofensivo estado crepuscular a uma ameaçadora, letal proliferação. De maneira similar, a retórica dos *habitats* naturais e espécies invasivas lembra o lamento de Leon Trotsky, revolucionário exilado e teórico cultural, acerca do "planeta sem um visto",[257] privilégio humano dúbio estendido ao mundo não humano.

---

da Natureza: Símios, Ciborgues e Mulheres (São Paulo: Martins Fontes, 2023), 363-407.

257 O parágrafo do capítulo "O Planeta sem um Visto" na autobiografia de Trotsky, *Minha Vida*, nos lembra (vivendo nos tempos do informante Edward Snowden e da fundadora do Sci-Hub Alexandra Elbakyan) das continuidades entre sua época e a nossa: "Devo confessar que as respostas das democracias européias ao meu pedido de asilo me causaram também momentos de alegria. Parecia-me às vezes que assistia à "mise-en-cène" "pan-européia" de uma comédia em um ato sobre os princípios da democracia. O texto poderia ter sido escrito por Bernard Shaw, se à linfa fabiana que corre nas suas veias, se pudesse adicionar algumas gotas de sangue de Jonathan Swift. Mas quem quer que possa ter fornecido o texto, a comédia foi edificante: "A Europa sem passaporte". Para não falar da América. Os Estados Unidos não são somente o país mais poderoso, mas também o mais medroso. Recentemente, Hoover explicou sua paixão pela pesca, demonstrando-lhe o caráter democrático. Se é verdade (e eu tenho dúvidas), aquele esporte seria uma das poucas sobrevivências da democracia que se tenham conservado nos Estados Unidos. Há muito tempo que o direito de asilo não existe. A Europa e a América sem passaporte. Mas estes dois continentes dominam o mundo. Portanto: o planeta sem passaporte!". Leon Trotsky, *Minha vida* (Rio de Janeiro: Paz e Terra, 1978 [1930]), 473.

Os esforços empregados no combate aos cupins de Hamburgo não podem ser reduzidos a discursos ou práticas puramente racionais. O problema com os cupins de Hamburgo é que eles também invadem nossos sonhos.

Em *Insectopedia* (2010), Hugh Raffles observa que "os insetos são sem número e sem fim"; os pesadelos que eles habitam parecem tão inúmeros quanto os próprios insetos. Há pesadelos de "fertilidade" e de "multidão", de "corpos sem controle", de "aberturas desprotegidas" e "lugares vulneráveis", de "corpos estranhos em nossas correntes sanguíneas" e de "corpos estranhos em nossos olhos e ouvidos e sob a superfície da nossa pele". Não nos esqueçamos do "pesadelo de enxames e o pesadelo de criaturas rastejantes", do "pesadelo de seres sem razão e da inabilidade de comunicação", bem como o pesadelo de "não ver uma face" e "não ter uma face"; assim como o pesadelo "de ser infestado", de "ser ocupado", e de "estar sozinho", de "calçar os sapatos" e "tirar os sapatos", o pesadelo "do grotesco", do "cabelo com nós", e "da boca aberta", o pesadelo da "aleatoriedade e do momento de vulnerabilidade", o pesadelo

> dos militares, que financiam quase toda a pesquisa de base sobre insetos, o pesadelo de sondas no cérebro e lâminas nos olhos, o pesadelo de que, se isso revelar os segredos dos enxames de gafanhotos, da navegação das abelhas e da busca por alimentos das formigas, os segredos gerarão outros segredos; os pesadelos, outros pesadelos; as pupas, outras pupas; insetos nascidos de microimplantes; insetos parte máquina, parte inseto; mariposas em missões; besouros à paisana; sem mencionar insetos robóticos, produzidos em massa, lançados em massa, insetos de pesadelos suicidas, em massa. Esses são os pesadelos que sonham com as guerras futuras [...] sonhos de Osama bin Laden em uma caverna, em algum lugar.[258]

258 Hugh Raffles, *Insectopedia* (New York: Pantheon, 2010), 469–73.

Agentes reais, simbólicos ou afetivos, os cupins de Hamburgo causam um desconforto que é como uma "nuvem em forma de espada" fincada no coração da cidade. Se os mosquitos *falam* pelo ruído social que provocam, como Timothy Mitchell argumenta em sua análise dos surtos de malária no Egito colonial;[259] se as moscas tsé-tsé *gritam*, como Clapperton Mavhunga afirma em relação aos entrelaçamentos entre humanos e não humanos no Parque Nacional Gonarezhou no Zimbabwe;[260] por sua vez, os cupins de Hamburgo fazem o *bambule* – em fúria, sublevam-se.[261]

Nas entranhas do cupim, a salvação política

Quando os cupins chegaram a Hamburgo, o discurso acerca do inseto já havia mudado de admiração para nojo. Pesquisas mostraram que os cupins têm dois estômagos – sendo um deles um estômago social, esvaziado para o consumo de outros cupins nas colônias.

259 Mitchell, *Rule of Experts*.

260 Clapperton Changanetsa Mavhunga, *The Mobile Workshop: Mobility, Technology, and Human-Animal Interaction in Gonarezhou (National Park), 1850–Present*, dissertatação, University of Michigan, 2008, 7.

261 *Bambule* era o nome de um parque contracultural de ocupantes em trailers no Karoviertel, onde os cupins de Hamburgo também vivem. Protestos massivos contra a ação policial para a desocupação do projeto de habitação alternativo foram assunto de coberturas da imprensa internacional. *Bambule machen* (fazer o *bambule*) é uma gíria do norte da Alemanha para rebelião e tumulto, mas *bamboula* remonta ao nome de um grande tambor e à dança que o acompanhava – ambos tiveram origem na África e foram trazidos para os EUA pelo "tráfico de carne humana". Em especial, após a revolução haitiana, os escravizados se juntavam na Congo Square, limite do bairro francês em Nova Orleans, para dançar a *bamboula*.

Cupins mortos também são consumidos. Além disso, qualquer outro membro da espécie na colônia poderia consumir excremento para re-digerir, se quisesse. A colônia de cupins não desperdiçava nada: "Por trás e pela frente, o alimento flui por toda a colônia, aquele que retorna dá para aquele que ficou em casa, o velho dá para o novo, em um ciclo interminável de sopa, ainda que a sopa possa ser um tanto estranha".[262] Projetos de pesquisa atuais ainda buscam aprender com os sofisticados sistemas de ar condicionado dos cupinzeiros; desde já, um exame rápido do funcionamento interno da colônia permite vislumbrar o pesadelo da reciclagem total.

O ensaísta belga e vencedor do prêmio Nobel Maurice Maeterlinck descreveu esse impressionante metabolismo social em *Life of the Termites* (*A Vida dos Cupins*, 1926): "Veja, isso é comunismo perfeito, comunismo das faringes e intestinos, motivado pelo coletivismo de comer fezes. Nada se perde nesta república deprimente e próspera, onde o ideal sujo que a natureza parece nos oferecer se torna real, em termos econômicos".[263]

O cientista florestal e zoólogo Karl Escherich, nacional-socialista convicto, retomou esse ponto em seu discurso inaugural como o novo reitor da Universidade de Munique,em 1933. Seu discurso, intitulado "A Ilusão do Cupim", contrastava a colônia, supostamente boa, de formigas do Terceiro Reich com o sistema diabólico de cupins da União Soviética.[264]

No mesmo ano em que Escherich proferiu seu discurso inaugural, outro biólogo, Jean L. Sutherland publicava um artigo, descrevendo um microrganismo

262 Wilhelm Bölsche, "Der Termitenstaat. Schilderung eines geheimnisvollen Volkes (1931)", 52, citado em Johach, "Termitewerden", 31.

263 Bölsche, "Der Termitenstaat", 34.

264 Karl Escherich, aula inaugural na Ludwig Maximilian University em Munique em 25 de novembro de 1933.

repugnante que vivia no reto da espécie australiana de cupim *Mastotermes darwiniensis*.[265] Sutherland chamou o pequeno animal de *Mixotricha paradoxa*, que significa "criatura estranha com pelo desgrenhado". Hoje, a demonização de Escherich dos cupins, por causa de seu trato intestinal, guarda apenas interesse histórico, mas a descoberta de Sutherland tem recebido renovada atenção. Extraordinária no *M. paradoxa* é sua constituição, que combina outras quatro criaturas que vivem nele.

Imagine o *M. paradoxa* como um tipo de pera cabeluda, com diversas antenas em sua cabeça – os pelos e as antenas têm seus próprios genomas, enquanto dentro das células do *M. paradoxa* há, ainda, dois genomas distintos. Assim, o *M. paradoxa* não tem um genoma, mas cinco.

Donna Haraway resume o que significa entender o microrganismo como uma metáfora viva:

> Essa pequena criatura filamentosa é um escárnio da noção do eu singular, delimitado e defendido, que protege seus investimentos genéticos. [...] O que constitui o *M. paradoxa*? Onde o protista termina e outro começa nos abundantes intestinos posteriores desse inseto? E o que essa individualidade paradoxal nos diz sobre começos? Por fim, como tais formas de vida podem nos ajudar a imaginar uma linguagem adequada?[266]

Seria o *Mixotricha paradoxa* um ser vivo, cinco, ou 250.000? Ele começou sozinho e, então, assimilou outros seres, ou foi ele o colonizado? O que ele era antes de se tornar vários, ou o contrário, o que eles eram antes de se tornarem um? Nesses tempos, em que as questões sociais são, a cada dia, mais racializadas e culturalizadas, "esse pequeno organismo engendra questões chave

265 Jean L. Sutherland, "Protozoa from Australian Termites", *Quarterly Journal of Microscopical Science* 2 (1933), 145–73, 76.

266 Donna J. Haraway, "Otherworldly Conversations; Terran Topics; Local Terms", *Science as Culture* 3,1 (1992), 94.

acerca da autonomia da identidade".[267] É claro, existe o perigo de uma "exuberância biológica", de tentar enxergar demasiado potencial subversivo no "arco-íris da natureza",[268] mas pode ainda haver algo a aprender aqui. Os microrganismos representam, também, pelo menos metade do número total de células no corpo humano. No documentário *Genes Dourados* (Konrad/Hansbauer/Stachel, 2016), a microbiologista Christa Schleper explica: "em termos de biomassa, isso totaliza cerca de um quilo e meio. [...] Então, naturalmente surge a questão: o que é o ser humano? Seria ele o *Homo sapiens* acrescido de diversas bactérias? É por isso que algumas pessoas gostam de dizer que somos como um super-organismo".

Segundo Haraway, na peça *Das purpurne Muttermal* (A Marca de Nascença Púrpura, 2006), o dramaturgo alemão René Pollesch nos exorta a procurar por novas respostas para os problemas do nacionalismo e da política identitária nos cupinzeiros do mundo, desde que as velhas respostas já não funcionam.[269] Tudo pode ser, ainda, mais político do que jamais imaginamos. Talvez celebrássemos, inadvertidamente, o trabalho escravizado microscópico, como o filósofo e escritor Rupert Glasgow avisa:

> Considere o caso do grande protozoário *Mixotricha paradoxa*, que é movido através de seu ambiente pela ondulação coordenada do que parecem ser milhares de "cílios" ou apêndices semelhantes a pelos; esses apêndices se mostraram centenas de milhares de pequenas bactérias espi-

---

267 Myra Hird, *Sex, Gender and Science* (Houndmills: Palgrave Macmillan, 2004), 68.

268 Nikki Sullivan, "The Somatechnics of Perception and the Matter of the Non/human: A Critical Response to the New Materialism", *European Journal of Women's Studies* 19 (2012), 299–313, 306.

269 *Das purpurne Muttermal*, programa (Wien: Burgtheater/Akademietheater Wien, 2006).

roquetas, que — como "condenados às galés" — são mantidos presos à superfície da célula por outras bactérias.[270]

Abelhas, mosquitos e cupins foram parte de noções históricas e contemporâneas de espaço, bem como instrumentos de práticas políticas relacionadas ao espaço. Como parte da colonização do território que, hoje, constitui os Estados Unidos, a abelha foi uma espécie invasiva; graças à movimentação global de mercadorias, o cupim, mais recentemente, também se tornou uma espécie invasiva na Alemanha. Os mosquitos, por seu turno, são tão intimamente relacionados a certos espaços, que quase figuram como uma característica deles. Ideias de naturalidade desejada e detestada estão integradas a todas essas concepções e práticas espaciais. Tais ideias, historicamente construídas, obstruem nossa visão das outras ecologias que nos cercam.

270 Rupert D.V. Glasgow, *The Minimal Self* (Würzburg: Würzburg University Press, 2017), 358, nota 860.

SOL DE BURACO NEGRO

Nos portões da utopia, está escrito: Verdade. É proibida a entrada de animais.

— Oxana Timofeeva

Ficamos tão acostumados a ser chamados de consumidores, que já nos vemos, principalmente, nesse papel. Assim, até o desejo de mudança política está submetido a um modelo de consumo. A vitória da consciência baseada no mercado não poderia ser mais completa. A crítica prática dos assim ditos excessos do capitalismo é expressa pela aquisição de produtos capitalistas.

Na psicologia, existe uma expressão para fenômeno comparável: Síndrome de Estocolmo. Sob determinadas circunstâncias, vítimas de sequestro mostram uma simpatia cada vez maior por seus sequestradores — às vezes, ao ponto de total identificação com eles. Face a ter que admitir, para si, que se está completamente sujeito a um poder externo, pode parecer mais atrativo sentir que se é parte desse poder. Na ideologia neoliberal do consumo correto, todos nós nos tornamos Drs. Strangeloves suecos que, há tempos, aprendemos a amar a bomba. Essa bomba é a forma da mercadoria. E ela já explodiu.

Isso criou um buraco negro que consome nossa imaginação. No centro do buraco negro há um supermercado. "Supermercado" significa aqui não só o espaço físico, mas a compulsão, que abarca quase tudo, de comprar ou vender algo. No supermercado, mesmo a ideia de justiça – que, por muito tempo, se contrapôs à economia – toma a forma da mercadoria. Após centenas de milhares de anos como espécie, e milhares de anos como sociedade de classes, poucas décadas foram necessárias para que o supermercado (e seu irmão alternativo — a loja de alimentos orgânicos) se transformasse no limite exterior da imaginação humana. Uma vez que parece impensável resistir à força gravitacional do mercado, nós nos deixamos cair no fundo dele.

Quando o veredito é de prisão perpétua, porque não conseguimos nem sequer imaginar uma sociedade além do capitalismo, começamos a amar as grades da prisão e a sentir afeto pela porta trancada da cela. Pensamentos estranhos surgem — talvez o aprisionamento seja, na verdade, uma libertação? Talvez possamos chegar a uma sociedade melhor, pelo consumo? A dominação se aproxima do poder absoluto, quando toda maneira possível de sobrepujá-la pode, tão somente, ser imaginada nas categorias e no vocabulário da dominação.

Fora de nossa classe

Os anatomistas do neoliberalismo tiveram sucesso em declarar que a carteira de um indivíduo é o principal músculo político, fazendo com que, subitamente, um beneficiário da previdência social seja tão responsável pela miséria do mundo, quanto o empreendedor imobiliário riquíssimo, que o despeja. Nesse ponto, a moralidade se assemelha a um departamento fiscal: impostos massivos são a ferramenta da redistribuição. Tal é o caso, ainda, da consciência. Uma taxa de impostos horizontal, que coloca, ostensivamente, igual fardo sobre toda a renda faz a baixa renda sangrar muito mais. Isso é, à primeira vista, evidente: se você tem uma renda que mal cobre o custo de vida, então uma taxa de imposto que tome, por exemplo, um quinto da renda bruta, pode ser uma situação que ameaça sua vida. Em contraste, se você tem um milhão à sua disposição, você ainda pode ter uma vida de luxo com o que restar. Apesar de não ser tão consciente, o mesmo se aplica à moralidade: tratar, de maneira igual, o que é desigual promove a desigualdade. Tornar os consumidores responsáveis pelas condições de produção é uma isenção de impostos moral para as pessoas que enriquecem com as condições de produção e, devido à sua riqueza, podem fugir da repercussão desses processos.

A aparente democratização da responsabilidade tem também a função repressiva da contrainsurgência. Se a multitude humana pode ser convencida de que é responsável por não ter um emprego (ou por ter um emprego ruim), por animais serem lançados em moedores de carne, pela galopante desigualdade global e pela destruição do meio-ambiente, resulta que sua fúria não será mais direcionada àqueles que ocupam o topo da economia, da política ou da ideologia; antes, a si própria.

No entanto, a lógica do consumo consciente, seja de bananas a preços justos para os produtores ou produtos orgânicos, é ainda mais cínica. Afinal, só quem dispõe de meios financeiros pode consumir produtos do comércio justo. Para o burguês sensível, isso adiciona outro critério para a seleção desses comestíveis de luxo — a sustentabilidade justa. Na lógica do consumo correto, aqueles em melhores condições econômicas são moralmente superiores aos condenados da terra; quem tem mais dinheiro pode ter não apenas uma casa maior e comida de mais alta qualidade – não, eles também são, potencialmente, pessoas melhores, porque, para eles, é muito mais fácil adquirir produtos do comércio justo.[271] E, ainda por cima, os explorados e marginalizados são, agora, cúmplices da exploração e marginalização de todos os demais.

A pureza é o vitríolo da alma

Em 2015, um artigo curto de Fabian Federl foi um dos textos mais lidos do *Tagesspiegel* de Berlim.[272] O artigo consiste, basicamente, na descrição meticulosa de uma personagem vegana que alinha uma carreira de cocaína, elencando todas as vítimas humanas e as substâncias venenosas associadas à produção de cocaína. Além disso, o artigo associa a cocaína às classes altas. A moral da história se encontra na última sentença: "Eu acho insuportavelmente desonesto uma pessoa andar por aí, se sentindo moralmente superior, com o sangue de mexicanos assassinados grudado em suas membranas mucosas". Diz o autor que o artigo é a resposta que ele gostaria de ter dado a uma vegana cheirando cocaína, enquanto elencava as razões para o seu veganismo. Nós não aprendemos quase nada acerca de tais razões, mas

271 Aquilo que atinge a classe média como plausível, é melhor visto em outros. Um estudo francês mostrou que, justamente, aquelas pessoas que não conseguem manter um emprego remunerado – devido à sua idade, à falta de postos de emprego, ou, ainda, por causa de enfermidades mentais ou físicas –, são claramente a favor de uma regulamentação estatal da criação de animais. Elas sabem, por experiência própria, que os direitos garantidos pelo Estado oferecem segurança muito maior do que a boa vontade de fazendeiros e a benevolência de terceiros.

272 Fabian Federl, "Veganer und Drogen. Hört erst mal auf zu koksen!", *Der Tagesspiegel*, 24 de dezembro, 2015.

sabemos da reação do autor: ele balançou a cabeça e usou a busca por uma cerveja como desculpa para sair dali.

Após listar os mortos na guerra às drogas, o artigo continua: "E você, usando cocaína, se aborrece com o tratamento dado aos animais?". O retrato, que segue, da "berlinense de menos de trinta anos, de um bairro de classe alta" inclui a contradição de "ensinar alemão para refugiados" e passar "o fim de semana inteiro cheirando pó no Sisyphos" (uma boate em Berlim). Ainda que o autor declare repetidamente que ele é indiferente ao uso da droga, o título do artigo é claro: "Primeiro, Pare de Usar Cocaína".

No ano seguinte, a *Vice Magazine* aderiu à moda, com o artigo "Quão Imoral é Usar Cocaína".[273] Aqui, um jovem traficante de Los Angeles é confrontado com os números oficiais de mortes na guerra às drogas. O sujeito nem tinha consciência da violência. "Gente sendo morta, aleatoriamente, e coisas assim? Eu não sei nada sobre isso". Uma coisa, porém, está clara para ele: "Então, do lado do consumidor, ninguém se importa. Eles podem ser veganos e, mesmo assim, cheirar pó. Derramamento de sangue humano é normal para você, mas derramamento de sangue animal, não. É meio feio nesse sentido, com certeza".

Enquanto o autor no *Tagesspiegel* se limita a acusações de hipocrisia e exige que as pessoas parem de usar cocaína, antes de poderem ser politicamente ativas, a *Vice Magazine* é mais conciliadora, adotando a sugestão de um professor de filosofia de que se você está com a consciência pesada, deveria se inspirar nas corporações, que compensam suas enormes emissões de carbono ao

---

273 Essa é uma tradução do título usado na versão alemã do artigo: Mike Pearl, "So unmoralisch ist es, Kokain zu nehmen", *Vice Magazine*, 28 de maio, 2016 (www.vice.com/de). O original em inglês: "How Unethical Is Buying Cocaine", 23 de maio, 2016 (www.vice.com).

doar para a caridade. É isso que alguém deveria fazer, se o uso de cocaína o deixar culpado: doe para uma organização que apoia as vítimas do tráfico de drogas.

Em 2018, Cressida Dick, a controversa chefe da polícia de Londres, conhecida coloquialmente como Scotland Yard, ganhou as manchetes quando culpou os veganos pelo crescimento da violência de gangues em Londres. "Esse é um problema que vai muito além do policiamento", disse a chefe da polícia. "Existe todo um grupo de pessoas de classe média que pensa sobre o aquecimento global, o comércio justo, a proteção ambiental e a comida orgânica, mas que acha que não há problema algum em usar um pouco de cocaína". Há, porém: a miséria corre por toda a cadeia de produção.[274]

O veganismo e a cocaína denotam ser uma combinação que está tirando o sono de alguns de nossos cidadãos — ainda que não sejam eles a usar. O repúdio de Federl à ostentação de uma superioridade moral, acerca da qual ele não nos diz mais nada, é, sem dúvida, legítimo. No entanto, o argumento de Federl carrega, em si, um senso de superioridade moral, além de ser bastante desajeitado. Isto é, sua afirmação de que o veganismo em pessoas, cujo consumo irrefletido destrói quatro metros quadrados de floresta para cada grama de cocaína, é hipócrita, é o que se costuma chamar de um argumento nocaute. A produção de um único computador gasta dezenas de milhares de litros de água; uma única busca no Google consome tanta eletricidade

274 Citado em "Bio-Essen kaufen, aber Kokain nehmen? Polizeichefin kritisiert scheinheilige Mittelschichtler", *Der Stern*, 1º de agosto, 2018. Cf. Lizze Dearden, "Violent Crime 'Stabilising in London,' Police Say after 87 People Killed So Far in 2018", *The Independent*, 1º de agosto, 2018 (www.independent.co.uk). Para uma discussão séria do fenômeno do aumento da violência entre gangues em Londres, veja Jo Cardwell, Claire Dissington, e Brian Richardson, "Out of Control? Youth Crime, Class and Capitalism", *International Socialism* 159 (July 2018), http://isj.org.uk.

quanto uma lâmpada econômica, acesa por horas. Isso quer dizer que não podemos mais levar a sério alguém que tenha um computador ou que tenha, alguma vez, feito uma busca no Google?

Qual é, exatamente, a "hipocrisia" do vegano? Não querer ou não poder resolver todos os problemas do mundo, individual e simultaneamente? Não se importar primeiro com as pessoas e só depois com os animais? Talvez Federl imagine ativistas políticos e veganos comuns como humildes ascetas, o que não combina com visões de hedonismo ilimitado.

Federl parece exigir uma forma especial de pureza política. Bruno Latour acertou em cheio quando proclamou: "Cuidado com a pureza; é o vitríolo da alma."[275] A ideia de pureza – quer seja pureza física, espiritual ou política – é uma *bad trip*. Essa droga não vai te dar visões, vai te deixar cego.

Resistência utópica na piscina pública

Durante debates moralizantes, muito se fala de responsabilidade social e ecológica – mas, o outro lado é uma enorme ampliação retórica da importância das decisões individuais. É uma ilusão reconfortante, acerca da força e da agência de cada indivíduo. Em contrapartida, admitir para si que você, dificilmente, pode mudar qualquer coisa, por meio de decisões de consumo, é uma pílula amarga para egos narcisistas, acostumados a ver a si mesmos como salvadores do mundo no espelho do

275 Citado em Donna Haraway, "Conhecimentos situados: a questão da ciência no feminismo e o privilégio da perspectiva parcial", em *A Reinvenção da Natureza*, 448.

seu suposto poder de mercado. A máxima de Theodor W. Adorno em *Minima Moralia* não perdeu nada da sua verdade: "O problema, quase insolúvel, consiste aqui em não se deixar imbecilizar nem pelo poder dos outros nem pela impotência própria".[276]

Não haverá qualquer salvação na ideologia do consumo correto – a não ser para aqueles que ganham algum ou muito dinheiro vendendo esses produtos, ou para aqueles cuja experiência dessa ideologia é a de um sedativo reconfortante (pelo menos, eu estou fazendo "alguma coisa").

A estupidez, por sua vez, é, usualmente, parte de uma vida utópica. Todo verão, em uma piscina pública ao ar livre em Viena – a bem cuidada Laarberg Pool, frequentada por trabalhadores e migrantes –, um grupo grande de crianças e adolescentes comporta-se estupidamente, de um modo politicamente maravilhoso. Uma das atrações mais populares da Laarberg Pool é a piscina de ondas, onde, de hora em hora, ondas artificiais ocorrem por dez minutos. Conforme esperado, o deleite geral acaba após dez minutos, mas o som das ondas é, pontualmente, substituído por um surto de vaias, gritos, risadas e assovios, que brotam das gargantas de dezenas de crianças e adolescentes. Assim eles protestam contra o fim da diversão.

Isto é, sem dúvida, algo "estúpido", porque todos, realistas e pragmáticos, sabem que há uma razão para limitar o ritmo e a duração das ondas. É, certamente, "estupidez" pensar, ainda, que as partes responsáveis responderiam aos protestos, a qualquer tempo. O político, nesse caso, consiste da contradição coletiva que, de uma só vez, celebra poder nadar junto, o sol na pele molhada e o privilégio de estar vivo, nesse momento

---

276 Theodor W. Adorno, *Minima Moralia* (Lisboa: Edições 70, 2001), 47.

único. Por vezes, um cachorro, levado a passear do lado de fora da cerca da piscina, começa a latir, fazendo coro com a gritaria.

"Todo prazer quer a eternidade", escreveu Friedrich Nietzsche.[277] E o utópico começa com a luta contra a morte, como Theodor W. Adorno e Ernst Bloch propuseram.[278] A revolta utópica contra o pragmatismo da *realpolitik* tem suas origens na falta de consideração pela única certeza que temos: todos os seres humanos (e os animais) morrem. Se as crianças da revolta das risadas têm consciência disso ou não, pouco importa: elas estão animadas pelo espírito comunista.

Revolucionários sociais de três anos de idade

De fato, há, também, poderes social-revolucionários à espreita no vegetarianismo e no veganismo. Tais poderes não consistem da reestruturação da economia, por meio do consumo correto. Todos os vegetarianos e veganos do mundo juntos não salvaram um único animal de morte desnecessária; a economia capitalista não funciona assim. Não só a superprodução é uma característica estrutural das sociedades de mercado, como também subsídios e mercados secundários estabilizam possíveis quedas nas vendas. A visão de uma diminuição gradual do consumo de carne lembra o velho mito

277 Friedrich Nietzsche, *Assim falou Zaratustra* (São Paulo: Companhia das Letras, 2011), 236.

278 Ernst Bloch, "Etwas fehlt ... über die Widersprüche der Utopischen Sehnsucht" (Algo Está Faltando ... Sobre as Contradições dos Anseios Utópicos), entrevista de rádio com Theodor W. Adorno (1964); *Tendenz – Latenz – Utopie*, Ergänzungsband zur Gesamtausgabe (Frankfurt a. M.: Suhrkamp, 1978), 350–68.

social-democrata da progressão linear dos resultados das pesquisas eleitorais até que 51% dos votos sejam alcançados e o socialismo possa ser instaurado. Nunca, na história da política, esse modelo funcionou. Isso não quer dizer que seja totalmente impossível, apenas que, na realidade, isso é muito mais complexo e não linear do que se pensa. Isto não quer dizer, em absoluto, que o movimento vegano seja insignificante; ao contrário, sua importância política estaria, antes, em ser algo além de uma forma direta de alcançar objetivos.

Não há nada verdadeiro acerca do vegetarianismo e do veganismo, a não ser seus exageros.

Os poderes utópicos do movimento vegano repousam na disrupção do estado ordinário das coisas, não em sua normalização, na forma de redes de hambúrgueres veganas. Viver de maneira vegana significa romper, material e simbolicamente, com as condições predominantes. Fazê-lo não requer um curso de educação política, nem a capacidade de escrever um ensaio de teoria política.

Quando eu era adolescente, certa vez, acompanhei minha mãe em visita a uma de suas amigas, que era turca. Esta amiga tinha uma filha de três anos de idade, que se tornara vegetariana, da noite para o dia, após saber de onde vinha a salsicha *sujuk* no prato dela. Quando crianças em idade pré-escolar param de comer carne, elas estão rompendo com todo um mundo dos adultos: o conhecimento tácito, que declara a violência social parte natural das cadeias alimentares; normas sociais que afirmam que a cultura do abatedouro é uma condição normal; religiões que fazem de degolar alguém um direito divino. Uma criança de três anos de idade está pronta para ir contra a família, a escola, o governo, a sociedade, a ciência e Deus, tudo ao mesmo tempo. O momento utópico-comunista, que se vê aqui, consiste da ruptura com todos os poderes sociais e ideológicos.

O ponto fundamental, aqui, é a ruptura. Uma ruptura é como a gravidez: é tudo ou nada. Você não pode romper pela metade (menos carne), ou fingir fazê-lo (carne orgânica) – caso contrário, não se trata de ruptura. A especificidade de, literalmente, devorar outrem exige de nós repensar a materialidade do simbólico. Você não pode queimar metade das suas pontes, ou fingir atear fogo a elas, quando o que está em questão é explorar o continente utópico da solidariedade. O movimento vegano nos força a repensar o que é utópico.

Fazer o presente engolir em seco

Nas grandes tradições do pensamento ocidental, as utopias foram imaginadas como distantes no tempo, ou isoladas no espaço. A utopia foi deslocada para o passado, como um Jardim do Éden perdido, ou adiada para o futuro, como uma vitória final sobre o capitalismo. As utopias foram situadas em ilhas desertas ou outros planetas, em mundos-modelo ou colônias. A utopia vegana, por seu turno, é uma arte do presente, uma rebelião contra a normalidade.

A inteligência do movimento vegano não se encontra em entender que menos recursos serão consumidos se, finalmente, deixarmos de derrubar florestas para dar lugar à monocultura da soja, e, depois, enfiar vastas quantidades de soja goela abaixo de animais, que, daí matamos, para obter uma insignificante quantidade de carne. Isto é a lógica da contabilidade planetária do ecocapitalismo, nada além; lógica que requer nosso automonitoramento, mais excessivo do que o das mídias sociais, dos *cookies* da internet, ou da Agência de Segurança Nacional. Com essa metáfora da Terra como uma espaçonave precária, os eco-contadores do mundo querem apenas nos fazer avaliar, constantemente, tudo o que fazemos, em termos de economia de recursos e eficiência sustentável, de modo que economizemos ou compremos algo, em algum lugar. Idealmente, ambos.

O poder do movimento vegano também não está na promessa de que seremos muito mais saudáveis e viveremos mais – porque isso é biopolítica, na sua forma mais pura: Michel Foucault usou esse termo para aquelas técnicas modernas de poder, que não apenas esmagam os subalternos com força física e intimidação religiosa, mas empregam, igualmente, uma série de técnicas científicas para torná-los mais produtivos e dominá-los, mais e mais. Hoje, é o discurso sobre governos enxutos e corpos em forma que promete um império de mil anos de saúde, tanto para nações quanto para indivíduos.

A beleza do movimento vegano também não está em poder habitar um plano moral mais elevado, de onde podemos sorrir, olhando de cima, na direção dos menos iluminados. Bem e mal, enquanto categorias morais, são restos do feudalismo, mortos-vivos, suficientes para manter vivas as comissões de ética profissionais.

A militância vegana não visa a reforma inteligente ou o gerenciamento moderno das circunstâncias; antes a ruptura radical, prática e simbólica com sua lógica.

Assim entendido, o movimento vegano permite que novos órgãos de solidariedade cresçam. Uma frase de Franz Kafka aponta nessa direção. Seu amigo Max Brod conta sobre uma visita ao Aquário de Berlim:

> Então ele falou dos peixes nas caixas iluminadas. "Agora que posso olhar para vocês em paz, não irei mais comê-los". Foi o momento em que ele se tornou um vegetariano estrito. Se alguém não ouviu tal pronunciamento, vindo do

> próprio Kafka, mal pode conceber quão simples e facilmente, sem qualquer afetação, sem o mais leve *pathos* (o que era quase completamente estranho a ele) ele disse tais coisas.[279]

Com referência a essa sentença (que, raramente, falta em qualquer lista de citações sobre o tema "Vegetarianos inteligentes dizem coisas inteligentes sobre o vegetarianismo"), o vegetarianismo de Kafka foi, convencionalmente, associado ao ascetismo artístico e à rejeição de sua linhagem paterna (seu avô era um açougueiro *kosher*), à vergonha e ao esquecimento, ou ao cristianismo primitivo.[280] Fiquemos, entretanto, com o aspecto do olhar tranquilo, que tem papel menor em várias interpretações.

O olhar abriga um poder precário: quando Édipo cometeu o pior sacrilégio imaginável e possuiu sua mãe, ele não bradou que queria castrar a si próprio; em vez disso, jurou que nunca mais olharia para uma mulher. Na versão de Sófocles, Édipo arranca os próprios olhos. E diz-se sobre as rainhas afegãs que os arautos anunciavam sua chegada ao povo com a ordem "Fiquem cegos!". Era o comando para que baixassem os olhos e, ao mesmo tempo, a admissão de que mesmo o homem sem terras e aquele mais subalterno tinha o poder de olhar com desrespeito.

---

279 Max Brod, Über Franz Kafka (Frankfurt a. M.: Fischer Taschenbuch Verlag, 1974), 70.

280 Peter Stine, "Franz Kafka and Animals", *Contemporary Literature* 22,1 (1981), 58–80, 70; Eric Williams, "Of Cinema, Food, and Desire: Franz Kafka's 'Investigations of a Dog,'" *College Literature* 34,4 (2007), 92–124, 116s. e 119, nota 13; Jens Hanssen, "Kafka and Arabs", *Critical Inquiry* 39,1 (2012), 167–97, 180s. Sobre a relação humano-animal em Kafka, veja também Christina Gerhardt, "The Ethics of Animals in Adorno and Kafka", *New German Critique* 97,33:1 (2006), 159–78; Chris Danta, "Kafka's Mousetrap: The Fable of the Dying Voice", *SubStance* 117,37:3 (2008), 152–68; Marc Much e Donna Yard, eds., *Kafka's Creatures. Animals, Hybrids, and Other Fantastic Beings* (Lanham: Lexington Books, 2010).

A frase de Kafka pode ser compreendida como lembrete de que o modo de olharmos o mundo ao nosso redor faz diferença: com os olhos famintos de absorção e incorporação, ou como uma – às vezes, repugnante, perturbadora, estranha, perigosa – fonte de fascinação?

A decolonização dos sentidos

O conto *The Persistence of Vision* (*A Persistência da Visão*, 1978)[281] do autor de ficção científica John Herbert Varley, nos dá uma ideia do que poderia significar decolonizar não apenas a mente, mas também os sentidos. O encarregado das ciências da nave estelar *Enterprise* poderia responder a isso, dizendo: fascinante.

No centro do conto está uma comuna utópica, fundada por um grupo de pessoas cegas e surdas em cenário pós-apocalíptico de destruição ecológica, de modo que pudessem viver uma vida autônoma, sem as limitações do mundo daqueles que veem e ouvem.

A história é contada da perspectiva de um visitante sem nome, cujos olhos nos dão a conhecer os costumes e tradições dessa comunidade. À primeira vista, por exemplo, a comunicação nesse lugar chamado Keller (como em Helen Keller) parece uma orgia, para o visitante capaz de ver: os residentes nus se comunicam, incessantemente, usando todas as partes de seus corpos e se fazendo entender por meio de nuances e intimidades de expressão, que estão além da capacidade do visitante. Além disso, a comuna parece livre do racismo, do sexismo, do capitalismo e da violência. Após uma estadia longa e instrutiva, o eu-narrador, finalmente, deixa

281 John Varley, *The Persistence of Vision* (New York: The Dial Press/ James Wade, 1978).

a comuna utópica de Keller – não porque não pôde se integrar, mas porque fica claro, para ele, que muito da comunicação e da comunhão devem continuar a ser-lhe negadas. O curioso final feliz dessa história consiste em seu alegre retorno a Keller, após ele também perder sua capacidade de ver e ouvir.

Na Keller de Varley, embora o eu-narrador fique, inicialmente, perturbado pela coreografia comunicacional dos residentes nus da comuna, com que não está acostumado, ele sente também, de imediato, certa superioridade: sua posição de olhar difuso, pervasivo, que tudo vê, coloca as pessoas cegas e surdas em posição marcada e desvantajosa. Diferentemente delas, ele tem o poder de ver sem ser visto – e, ao mesmo tempo, intencionalmente ou não, ele começa a experimentar um certo voyeurismo. Porém, ao longo da história, o voyeurismo transforma-se no seu oposto, porque os residentes cegos e surdos de Keller não se comunicam através da usual "fala pela boca", só pela "fala das mãos", expressando conceitos, por meio de gestual dos dedos nas palmas das mãos de seus interlocutores, bem como por meios não-verbais de comunicação mais refinados e mais complexos, como "gestos rápidos", "fala corporal" e "toque". Fica claro para o eu-narrador que os residentes "veem" diferentemente, mas não menos ou pior. Eles se fazem compreender com seus corpos e seu sentido do tato; e, como Varley sugere, eles também cultivaram outras faculdades. Para aquele que vê, o que parece uma incessante orgia dos surdos e dos cegos é, na verdade, uma forma de pan-sexualidade contínua, não genital, de todos com todos. O eu-narrador também conclui que, em Keller, a sexualidade polimorfa e a comunicação eram indistinguíveis " [...] com uma centena de corpos nus escorregando, esfregando, beijando, acariciando, tudo ao mesmo tempo, qual era o sentido de fazer uma distinção? Não havia qualquer distinção".[282]

O conto de Varley, provavelmente, ficaria aquém dos padrões atuais. Por exemplo, não fica claro se o escritor, em algum momento, pediu a uma pessoa cega que descrevesse sua experiência real, ou se a história inteira não passa de um esforço imaginativo e bem intencionado, mas excessivamente romantizado (incluindo ideias de libertação sexual típicas do pós-1968). Ao mesmo tempo, a pequena história se provou influente para ativistas, artistas e estudiosos, como inspiração não inocente e um desafio duradouro de entender como é ser outro (humano ou não-humano, real ou imaginário). A literatura é uma das diversas formas de tentar se conectar com os outros e os seus mundos de vida.

Existe um poder em vozes ficcionais, quando reconhecem que ouvir, atentamente, novas vozes no reino da imaginação pode nos possibilitar ouvir, mais claramente, as vozes mais irretorquíveis e urgentes da realidade. Eva Hayward leva o argumento não orientado pela deficiência da história de Varley além das fronteiras das espécies e toma os cnidários – cujos olhos, órgãos sexuais e dedos mesclam-se uns aos outros – como ponto de partida de sua reimaginação dos conceitos e categorias de conhecimento e de produção de significado.[283] Em sua busca por alternativas ao olho que tudo sabe do Iluminismo, Hayward pergunta como seriam tais "imagens" mais-do-que-visuais, constituídas nas "cabeças" dos cnidários.

---

282 Varley, *The Persistence of Vision*, 6.

283 Veja Eva Hayward, "Fingery Eyes: Impressions of Cup Corals", *Cultural Anthropology* 25,4 (2010), 577–99. Para rearticulações e interrogações de inspiração feminista do toque como um parente gerador de mundo do visual, veja Lorraine Code, *What Can She Know?: Feminist Theory and the Construction of Knowledge* (Ithaca: Cornell University Press, 1991).

A solidariedade é a ternura das espécies

Lidar com tais perspectivas parciais pode ser politicamente fascinante. Para o poeta filósofo Timothy Morton é, precisamente, "nossa capacidade para a fascinação que abastece nossa solidariedade": "A fascinação é a atração gravitacional estética de entidades uma para a outra, a dinâmica da solidariedade, em matriz de sensibilidades, ao modo de um campo de força".[284]

A humanidade solidária, para Morton, não significa a renúncia ascética do prazer, mas ser capaz de apreciar o prazer de outrem. O comunismo que Morton vislumbra pode ser apenas "contingente, frágil e lúdico":[285]

> Você se torna fascinado ao reforçar e expandir modos de prazer não humanos. Desse modo, o vegetarianismo (por exemplo) não é sobre opor-se à crueldade ou minimizar o sofrimento ou melhorar a saúde de alguém ao retornar para uma forma mais natural de comer, mas sobre um modo de prazer voltado para manter ou aprimorar os modos de prazer de porcos ou vacas ou ovelhas, e assim em diante.[286]

Para Morton, consciência ecológica significa saber que alguém sempre vai ser deixado para trás. Ajudar um animal pode significar deixar passar fome outro animal que dele se alimenta. "Essa exclusão necessária é o *locus* da violência, de modo que a solidariedade está sempre na posição estrutural de desejar poder abarcar mais, abarcar tudo".[287]

---

284 Timothy Morton, *Humankind: Solidarity with Nonhuman People* (London/New York: Verso, 2017), 144.

285 Morton, *Humankind*, 163.

286 Morton, *Humankind*, 144.

287 Morton, *Humankind*, 179.

O que isso pode significar para uma relação política com os animais? O conceito de solidariedade remonta ao direito romano, no qual o "princípio de solidariedade" significava que cada participante de uma associação solidária era, individual e completamente, responsável por um dos demais. Em outras palavras: a solidariedade é indivisível e não ocorre sem custo. Ademais, a solidariedade não significa apenas arriscar a própria pele, mas desconhecer fronteiras. Ela é excessiva.

O grande show da simpatia

Por muito tempo, um programa chamado *Licht ins Dunkel* (Luz na Escuridão) foi o programa de caridade mais popular da televisão pública austríaca. Na época do Natal celebridades pediam a figurões dos negócios e a cidadãos, em geral, doações para projetos a pessoas com deficiência. As chamadas para o baile de gala de caridade incluíam a voz de um jovem clamando, ansiosamente, no escuro: "Tem alguém aí?".

Assim, muitos indivíduos gostam de imaginar pessoas prejudicadas pela realidade social: vítimas dignas de pena, definhando no escuro – até que os soberanos detentores de poderes físicos e mentais, finalmente, os resgatem, com seu talão de cheques. Isto, que pode gerar emoções reconfortantes em doadores privados e representar, para corporações, uma oportunidade favorável para polir sua imagem, tornou-se objeto de crítica insistente, por parte de organizações e ativistas dos direitos de pessoas com deficiência. Ocorre, nesse caso, a consolidação de uma imagem orientada pela deficiência de seres humanos, que não se conformam, física ou mentalmente, à norma. Tais programas de TV reduzem as pessoas socialmente deficientes a serem vistas como carentes e, em seguida, como alegres beneficiários de ajuda e solicitude; mais e mais iniciativas, entretanto, exigem o apoio às suas lutas, não mera caridade.

Hoje, associações militantes de pessoas com corpos fora do padrão, que se insurgem contra a produção social da carência, podem parecer utópicas para alguns, mas já eram realidade nos anos 1970, com iniciativas como o "Movimento Deficiente" alemão.[288]

Todo movimento progressista deve provir da atividade das próprias pessoas afetadas. Elas não precisam ficar sozinhas – caso contrário, a palavra "solidariedade" não teria sentido algum. No entanto, apagar a auto-atividade dos afetados significa nada mais que retornar ao paternalismo condescendente ou a fantasias tecnocráticas de proteção governamental.

Recentemente, campanhas, que desejam parecer politicamente progressistas, empenham-se em evitar pessoas prejudicadas pela sociedade em coreografias vitimizadoras; ao contrário, buscam mostrá-las como heróis da vida cotidiana. Porém, tal nova heroicização é, apenas, o outro lado da mesma moeda, determinada por aqueles de fora. Essa divisão bipolar evoca algumas duplas comparáveis: as mulheres são retratadas como mães sagradas ou como vadias promíscuas; muçulmanos aparecem só como mulheres escravizadas ou homens furiosos; sociedades indígenas são rejeitadas como menos que humanas ou idealizadas como "nobres selvagens" – tudo isso revela mais sobre as estruturas de desejo daqueles que projetam tais retratos do que sobre a realidade dos retratados.

---

288 A teoria *crip* atual é uma crítica cultural que foi "empregada para resistir ao espetáculo contemporâneo da heteronormatividade dos corpos sem deficiências". Robert McCruer, *Crip Theory: Cultural Signs of Queerness and Disability* (New York: NYU Press, 2006), 3.

Um frango chamado Jesus

Iniciativas em política animal, com frequência, utilizam tropos religiosos, de modo a gerar interesse em suas causas. Quem nunca viu isso antes? Ativistas de bem-estar animal ou defensores dos direitos dos animais parados em lugares públicos, segurando cartazes mostrando animais torturados e mortos. "Eles morreram por você!" é um *slogan* comum, direcionado a pessoas que vestem peles ou a pessoas que comem carne. Em montagens reminiscentes de filmes de terror sangrentos, o frango de aviário é transformado em uma figura trágica, como Cristo: sofreu em vão.

Ao mesmo tempo, a mesa de jantar de casa é transformada em um Gólgota, onde a crucificação dessa pobre criatura é levada a cabo, diversas vezes ao dia. Em vez de promessas de salvação, há recriminações e a esperança de culpa na consciência. Afinal, os consumidores de hoje não têm a desculpa que os legionários romanos tinham, na época: eles sabem o que estão fazendo – ao menos, depois de examinar a lista de ingredientes.

Ainda que os participantes pertençam a diferentes meios sociais, há continuidades ideológicas na retórica de "pecado e sacrifício" em torno dos animais, retórica que remonta ao contexto de fundação dos primeiros grupos de bem-estar animal. Esses grupos surgiram junto a organizações burguesas de proteção a crianças e trabalhadores – iniciadas por forças bem-intencionadas e bem-situadas, que queriam cuidar das pessoas "lá embaixo", desde "aqui de cima". Tal moralismo paternalista tem tanto a ver com políticas progressistas, quanto Ronald McDonald com Rosa Luxemburgo.

Um dos diversos problemas associados a essa abordagem estratégica é que o pensamento e a representação repetem, exatamente, aquilo que seus oponentes são acusados de fazer — a violenta subjugação dos animais. Porém, a violência, aqui, é violência epistêmica, isto é, a violência que está nas ideias e nos conceitos. Enquanto a indústria, a ciência biológica e a agricultura imobilizam os animais, usando dispositivos físicos, a vitimologia dos animais faz o mesmo, ao declará-los eternas vítimas, tornando imperceptível sua resistência.

De maneira impressionante, organizações de trabalhadores e sindicatos profissionais, via de regra, não assumem uma posição acerca da questão animal, que seja qualitativamente diferente daquela dos conservadores e reacionários. Em seminários e nas páginas das revistas, tudo está aberto ao debate: as relações de gênero e a educação das crianças; a construção de casas e as formas de sepultamento. Porém, para muitos na esquerda, os animais representam o último espaço desprovido de política. Esse espaço deveria ser politizado e radicalizado, analisado e recontextualizado — tanto em termos dos blocos histórico-afetivos que chamamos de animais, quanto das suas longas sombras discursivas.

Guerrilha nas montanhas dos gorilas

Ao confrontar o sistema industrial fordista, Antonio Gramsci apontou para o homem que racionalizou cientificamente o processo, Frederick Winslow Taylor, e enfatizou que a linha de montagem teria transformado os seres humanos em "gorilas treinados". Em partes do

Ocidente, o imperativo criativo atual[289] talvez seja clamar por um sujeito pós-fordista – mais um "macaco urbano experimental", que anima espaços urbanos inutilizados com projetos industriais-criativos de uso provisório; que promove inovação de forma lúdica; que se droga aos fins de semana, para poder praticar suas habilidades sociais para a segunda-feira. Previsível deveria ser que o comunismo, além da incontornável promessa de humanidade, soltasse os macacos dos zoológicos — tanto fisica, quanto metaforicamente.

Aquilo que Marx escreveu acerca da relação entre os trabalhadores ingleses e os trabalhadores irlandeses aplica-se à relação entre humanos e animais: não pode haver liberdade alguma, enquanto ainda houver falta de liberdade. Podemos não ser capazes de compreender, inteiramente, o que isso quer dizer, mas não há razão por que não devamos começar a imaginar o que isso quer dizer. Usar palavras e imagens, emoções e ações para fazer a realidade engolir em seco diante da visão aparentemente utópica da guerrilha dos gorilas nas montanhas cobertas de névoa.

289 Marion von Osten e Peter Spillmann, *Be Creative! — Der kreative Imperativ* (Zürich: Museum für Gestaltung Zürich, 2002).

REFERÊNCIAS BIBLIOGRÁFICAS

ADORNO, Theodor W. *Dialética negativa*. São Paulo: Zahar Editora, 2009.

ADORNO, Theodor W. *Minima moralia*. Lisboa: Edições 70, 2001.

ADORNO, Theodor W.; HORKHEIMER, Max. *Dialética do Esclarecimento: Fragmentos filosóficos*. São Paulo: Zahar Editora, 1985.

AHUJA, Neel. *Bioinsecurities: Disease Interventions, Empire, and the Government of Species*. Durham: Duke University Press, 2016.

AKIMUSHKIN, Ivan. *Sledy nevidannya zverei* [Os Rastros de Bestas Ocultas]. Moscow: Geografgiz, 1961.

AMIR, Fahim et al. (Org.). *Transcultural Modernisms*. Berlin: Sternberg Press, 2013.

AMRITH, Sunil S. *Decolonizing International Health: India and Southeast Asia, 1930-65*. New York: Palgrave Macmillan, 2006.

ANDRIJASEVIC, Rutvica. The Spectacle of Misery: Gender, Migration and Representation in Anti-trafficking Campaigns. *Feminist Review*, n. 86, p. 24-44, 2007.

BALIBAR, Étienne; MEZZADRA, Sandro. Borders, Citizenship, War, Class: A Discussion with Étienne Balibar and Sandro Mezzadra. *New Formations*, n. 58, p. 10-30, 2006.

BALES, Richard F. *The Great Chicago Fire and the Myth of Mrs. O'Leary's Cow*. Jefferson: McFarland, 2002.

BENTON, Ted. *Natural Relations: Ecology, Animal Rights & Social Justice*. London: Verso, 1993.

BERGER, John. *Por que olhar para os animais?* São Paulo: Fósforo, 2021.

BEISEL, Uli; BOËTE, Christophe. The Flying Public Health Tool: Genetically Modified Mosquitoes and Malaria Control. *Science as Culture*, v. 22, n. 1, p. 38-60, 2013.

BIRKNER, Martin; FOLTIN, Robert. *(Post-)Operaismus. Von der Arbeiterautonomie zur Multitude*. Stuttgart: Schmetterling-Verlag, 2010.

BLANCHETTE, Alex. Herding Species: Biosecurity, Posthuman Labor, and the American Industrial Pig. *Cultural Anthropology*, v. 30, n. 4, p. 640-669, 2015.

BLECHMAN, Andrew. *Pigeons*. New York: Grove Press, 2006.

BLOCK, Ernst. Etwas fehlt... über die Widersprüche der Utopischen Sehnsucht. In: *Tendenz - Latenz - Utopie*. Frankfurt a. M.: Suhrkamp, 1978. p. 350-368.

BOJADŽIJEV, Manuela. Die windige Internationale. *Rassismus und Kämpfe der Migration*. Münster: Westfälisches Dampfboot, 2008.

BOJADŽIJEV, Manuela; KARAKAYALI, Serhat. Autonomie der Migration. 10 Thesen zu einer Methode. In: *TRANSIT MIGRATION Forschungsgruppe* (Org.). Turbulente Ränder: Neue Perspektiven auf Migration an den Grenzen Europas. Bielefeld: Transcript, 2006. p. 203-209.

BROD, Max. Über Franz Kafka. Frankfurt a. M.: Fischer Taschenbuch Verlag, 1974.

BRONNER, Simon J. Contesting Tradition: The Deep Play and Protest of Pigeon Shoots. *Journal of American Folklore*, v. 118, p. 409-452, 2005.

BURKE, Edmund. *Reflexões sobre a Revolução em França*. Brasília: Editora Universidade de Brasília, 1982.

CAPROTTI, Federico. Malaria and Technological Networks: Medical Geography in the Pontine Marshes, Italy, in the 1930s. *Geographical Journal*, v. 172, n. 2, p. 145-155, 2006.

CARTER, Eric D. 'God Bless General Perón': DDT and the Endgame of Malaria Eradication in Argentina in the 1940s. *Journal of the History of Medicine and Allied Sciences*, v. 64, n. 1, p. 78-122, 2008.

CARSON, Rachel. A primavera silenciosa. São Paulo, Melhoramentos, 1964.

CELL, John W. Anglo-Indian Medical Theory and the Origins of Segregation in West Africa. *American Historical Review*, v. 91, n. 2, p. 307-335, 1986.

CHAKRABARTY, Dipesh. *Provincializing Europe: Postcolonial Thought and Historical Difference*. Princeton: Princeton University Press, 2000.

CHRULEW, Matthew. *Animals in Biopolitical Theory: Between Agamben and Negri*. New Formations, n. 76, p. 53-67, 2012.

CLARK, Jonathan L. Labourers or Lab Tools? Rethinking the Role of Lab Animals in Clinical Trials. In: TAYLOR, Nik; TWINE, Richard (Ed.). *The Rise of Critical Animal Studies: From the Margins to the Centre*. London: Routledge, 2014. p. 139-166.

COATES, Peter. From Hazard to Habitat (or Hazardous Habitat): The Lively and Lethal Afterlife of Rocky Flats, Colorado. *Progress in Physical Geography*, v. 38, n. 3, p. 286-300, 2014.

COHN, Jeffrey P. A Makeover for Rocky Mountain Arsenal: Transforming a Superfund Site into a National Wildlife Refuge. *Bioscience*, v. 49, n. 4, p. 273-277, 1999.

COPPIN, Dawn. Foucaultian Hog Futures. *Sociological Quarterly*, v. 44, n. 4, p. 597-616, 2003.

CRONON, William. *Nature's Metropolis: Chicago and the Great West*. New York: W.W. Norton, 1991.

CRONON, William (Ed.). *Uncommon Ground: Rethinking the Human Place in Nature*. New York: W.W. Norton & Co, 1996.

CURTIN, Philip D. Medical Knowledge and Urban Planning in Tropical Africa. *American Historical Review*, v. 90, n. 3, p. 594-613, 1985.

D'ERAMO, Marco. *The Pig and the Skyscraper: Chicago, A History of the Future*. New York: Verso, 2003.

DANTA, Chris. Kafka's Mousetrap: The Fable of the Dying Voice. *SubStance*, v. 37, n. 3, p. 152-168, 2008.

DEACON, Harriet. Racial Segregation and Medical Discourse in Nineteenth-Century Cape Town. *Journal of Southern African Studies*, v. 22, n. 2, p. 287-308, 1996.

DEE, Andrea. *Eine vergessene Leidenschaft: Von Tauben und Menschen*. Wien: Ueberreuter, 1994.

DELL'AVERSANO, Carmen. The Love Whose Name Cannot Be Spoken: Queering the Human-Animal Bond. *Journal for Critical Animal Studies*, v. 8, n. 1/2, p. 73-125, 2010.

DERRIDA, Jacques. *A besta e o soberano: Seminários 2001-2002*. Rio de Janeiro: Via Verita Editora, 2016.

DOUGLAS, Mary, *Pureza e perigo.* São Paulo: Perspectiva, 1976.

EHRENBERG, Alain. *The Weariness of the Self: Diagnosing the History of Depression in the Contemporary Age*. Montreal: McGill-Queen's University Press, 2010.

EISENMAN, Stephen. The Real 'Swinish Multitude'. *Critical Inquiry*, v. 42, n. 2, p. 339-373, 2016.

ENGELS, Friedrich. *A situação da classe trabalhadora na Inglaterra*. São Paulo: Boitempo Editorial, 2007.

EVANS, Theodore A. Biology of Invasive Termites: A Worldwide Review. *Annual Review Entomology*, v. 58, p. 455-474, 2012.

FARAGE, Nádia. No Collar, No Master: Workers and Animals in the Modernization of Rio de Janeiro, 1903-4. In: AMIR, Fahim et al. (Org.). *Transcultural Modernisms*. Berlin: Sternberg Press, 2013. p. 110-120.

FISHER, Carl. Politics and Porcine Representation: Multitudinous Swine in the British Eighteenth Century. *Lit: Literature Interpretation Theory*, v. 10, n. 4, p. 303-326, 1999.

FITZGERALD, Amy J. A Social History of the Slaughterhouse: From Inception to Contemporary Implications. *Human Ecology Review*, v. 17, n. 1, p. 58-69, 2010.

FOUCAULT, Michel. *O que é a crítica? Crítica e Aufkalärung*. Espaço Michel Foucault, https://michel-foucault.weebly.com/uploads/1/3/2/1/13213792/critica.pdf (s/d, consultado em 14.10.2025), p. 4.

FULLER, Errol. *The Passenger Pigeon*. Princeton: Princeton University Press, 2014.

GARBER, David. Ben Klock: "Ich bin kein Technopurist". *Vice Online*, 21 de outubro, 2015, https://thump.vice.com/de.

GIBSON-GRAHAM, J. K. *The End of Capitalism (As We Knew It): A Feminist Critique of Political Economy*. Oxford: Blackwell Publishers, 1996.

GIEDION, Sigfried. *Bauen in Frankreich, Bauen in Eisen, Bauen in Eisenbeton*. Leipzig: Klinkhardt & Biermann, 1928.

GIEDION, Sigfried. *Die Herrschaft der Mechanisierung. Ein Beitrag zur anonymen Geschichte*. Frankfurt a. M.: Europäische Verlagsanstalt, 1982.

GIEDION, Sigfried. *Mechanization Takes Command: A Contribution to Anonymous History*. New York: Oxford University Press, 1948.

GILJE, Paul A. *The Road to Moboocracy: Popular Disorder in New York City, 1763-1834*. Chapel Hill: University of North Carolina Press, 1987.

GLASGOW, Rupert D. V. *The Minimal Self*. Würzburg: Würzburg University Press, 2017.

GLOVER, David; BEAUMONT, Marie. *Racing Pigeons*. Marlborough: Crowood, 1999.

GUILHEMIN, Jeanne. Choosing Scientific Patrimony: Sir Ronald Ross, Alphonse Laveran, and the Mosquito-Vector Hypothesis for Malaria. *Journal of the History of Medicine and Allied Sciences*, v. 57, n. 4, p. 385-409, 2002.

HAAG-WACKERNAGEL, Daniel. *Die Taube: Vom heiligen Vogel der Liebesgöttin zur Strassentaube*. Basel: Verlag Schwabe & Co, 1998.

HARAWAY, Donna. *A Reinvenção da Natureza: Símios, Ciborgues e Mulheres*. São Paulo: Martins Fontes, 2023.

HARAWAY, Donna. Otherworldly Conversations; Terran Topics; Local Terms. *Science as Culture*, v. 3, n. 1, p. 94, 1992.

HARAWAY, Donna. *Quando as espécies se encontram*. São Paulo: Ubu Editora, 2022.

HARTOK, Hendrik. *Pigs and Positivism*. University of Wisconsin Law Review, n. 4, p. 899-935, 1985.

HARVEY, David. *Para entender O Capital - Livro I*. São Paulo: Boitempo Editorial, 2013.

HAUG, Frigga. Gramsci und die Produktion des Begehrens. *Psychologie und Gesellschaftskritik*, v. 22, p. 75-92, 1998.

HESS, Sabine. *Globalisierte Hausarbeit. Au-pair als Migrationsstrategie von Frauen aus Osteuropa*. Wiesbaden: VS Verlag, 2009.

HIGGINS, Hannah. *The Grid Book*. Cambridge: MIT Press, 2009.

HIRD, Myra. Sex, *Gender and Science*. Houndmills: Palgrave Macmillan, 2004.

HORKHEIMER, Max. *Gesammelte Schriften, v. 7*. Frankfurt a. M.: Suhrkamp, 1985.

HORKHEIMER, Max. O Arranha-céu. In: *Crepúsculo: Notas alemãs (1926-1931)*. São Paulo: Editora Unesp, 2022. p. 106-107.

HRIBBAL, Jason. Fear *of the Animal Planet: The Hidden History of Animal Resistance*. Oakland: AK Press, 2011.

HUMPHRIES, Courtney. *Superdove: How the Pigeon Took Manhattan - and the World*. New York: Collins, 2008.

INGRAHAM, Catherine. *Architecture and The Burdens of Linearity*. New Haven: Yale University Press, 1998.

JEROLMACK, Colin. How Pigeons Became Rats: The Cultural-Spatial Logic of Problem Animals. *Social Problems*, v. 55, n. 2, p. 72-94, 2008.

JOHNSTON, Richard; JANIGA, Marian. *Feral Pigeons*. New York: Oxford University Press, 1995.

JOY, Melanie. *Por que amamos cachorros, comemos porcos e vestimos vacas: uma introdução ao carnismo*. São Paulo: Editora Cultrix, 2013.

KAÏKA, Maria. Dams as Symbols of Modernization: The Urbanization of Nature between Geographical Imagination and Materiality. *Annals of the Association of American Geographers*, v. 96, n. 2, p. 276-301, 2006.

KOSUT, Mary; MOORE, Lisa Jean. Urban Api-Ethnography: The Matter of Relations between Humans and Honeybees. In: PITTS-TAYLOR, Victoria (Ed.). *Mattering: Feminism, Science, and Materialism*. New York: New York University Press, 2016. p. 245-257.

KOWALCZYK, Agnieszka. Mapping Non-human Resistance in the Age of Biocapital. In: TAYLOR, Nik; TWINE, Richard (Ed.). *The Rise of Critical Animal Studies: From the Margins to the Centre*. London: Routledge, 2014. p. 183-200.

KRISHNA, Sankaran. *Globalization and Postcolonialism: Hegemony and Resistance in the Twenty-First Century*. Lanham: Rowman & Littlefield, 2009.

KRISTEVA, Julia. *Powers of Horror: An Essay on Abjection*. New York: Columbia University Press, 1982.

KRISTEVA, Julia. Poderes do horror: ensaio sobre a abjeção. Trad. Allan Davy Santos Sena. Paris: Éditions du Seuil, 1980. Disponível em: www.academia.edu/18298036/Poderes_do_Horror_de_Julia_Kristeva_Cap%C3%ADtulo_1. Acesso em: 15 de ago. de 2025.

LATOUR, Bruno. *The Pasteurization of France*. Cambridge: Harvard University Press, 1988.

LAUE, Anett. *Das sozialistische Tier: Auswirkungen der SED-Politik auf gesellschaftliche Mensch-Tier-Verhältnisse in der DDR (1949-1989)*. Köln: Böhlau Verlag, 2017.

LOCK, Margaret; NGUYEN, Vinh-Kim. *An Anthropology of Biomedicine*. Hoboken: Wiley-Blackwell, 2010.

LUTHER, Dieter. *Die ausgestorbenen Vögel der Welt*. Wittenberg: A. Ziemsen Verlag, 1986.

MACHO, Thomas. *Das Leben nehmen: Suizid in der Moderne*. Berlin: Suhrkamp, 2017.

MACHO, Thomas. *Schweine: Ein Porträt*. Berlin: Matthes & Seitz, 2015.

MARKS, Horst. *Unsere Haustauchen*. Wittenberg: Ziemsen, 1971.

MARX, Karl. Cartas dos Anais Franco-Alemães (de Marx a Ruge). In: *Sobre a questão judaica*. São Paulo: Boitempo Editorial, 2010. p. 73.

MARX, Karl. *O Capital: Crítica da Economia Política* [Livro I: O processo de produção do capital]. São Paulo: Boitempo Editorial, 2011.

MARX, Karl; ENGELS, Friedrich. *Manifesto Comunista*. São Paulo: Boitempo Editorial, 1998.

MARX, Karl; ENGELS, Friedrich. G. Fr. Daumer, 'Die Religion des neuen Weltalters. Versuch einer combinatorisch-aphoristischen Grundlegung', 2 Bde., Hamburg 1850 [Reviews from the Neue Rheinische Zeitung, "Politisch-Ökonomische Revue" No. 2, fevereiro de 1850]. *MECW*, v. 7, p. 241-246, 242.

MCNEILL, John Robert. Mosquito Empires: *Ecology and War in the Greater Caribbean, 1620-1914*. Cambridge: Cambridge University Press, 2010.

MCNEUR, Catherine. *Taming Manhattan: Environmental Battles in the Antebellum City*. Cambridge: Harvard University Press, 2014.

MCNEUR, Catherine. The 'Swinish Multitude': Controversies over Hogs in Antebellum New York City. *Journal of Urban History*, v. 37, n. 5, p. 639-660, 2011.

MITCHELL, Timothy. *Rule of Experts: Egypt, Techno-Politics, and Modernity*. Berkeley: University of California Press, 2002.

MOORE, Lisa Jean; KOSUT, Mary. *Buzz: Urban Beekeeping and the Power of the Bee*. New York: New York University Press, 2013.

MORTON, Timothy. *Ecology without Nature: Rethinking Environmental Aesthetics*. Cambridge: Harvard University Press, 2007.

MORTON, Timothy. *Humankind: Solidarity with Nonhuman People*. London: Verso, 2017.

MUCH, Marc; YARD, Donna (Ed.). *Kafka's Creatures. Animals, Hybrids, and Other Fantastic Beings*. Lanham: Lexington Books, 2010.

NEGRI, Antonio; HARDT, Michael. *Império*. São Paulo: Editora Record, 2001.

NEGRI, Antonio; HARDT, Michael. *Multidão: Guerra e Democracia na Era do Império*. São Paulo: Editora Record, 2005.

NEOCLEOUS, Mark. *The Monstrous and the Dead: Burke, Marx, Fascism*. Cardiff: University of Wales Press, 2005.

NEOCLEOUS, Mark. *The Universal Adversary: Security, Capital and "the Enemies of All Mankind"*. Abingdon: Routledge, 2016.

NIETZSCHE, Friedrich. *Assim falou Zaratustra*. São Paulo: Companhia das Letras, 2011.

NIGHTINGALE, Carl H. *Segregation: A Global History of Divided Cities*. Chicago: University of Chicago Press, 2015.

NOVEK, Joel. Pigs and People: Sociological Perspectives on the Discipline of Nonhuman Animals in Intensive Confinement. *Society & Animals*, v. 13, n. 3, p. 221-244, 2005.

PACYGA, Dominic A. *Slaughterhouse: Chicago's Union Stock Yards and the World It Made*. Chicago: Chicago University Press, 2015.

PAPADOPOULOS, Dimitris; TSIANOS, Vassilis. The Autonomy of Migration: The Animals of Undocumented Mobility. In: HICKEY-MOODY, Anna; MALINS, Peta (Ed.). *Deleuzian Encounters: Studies in Contemporary Social Issues*. Basingstoke: Palgrave Macmillan, 2007. p. 225.

PAPADOPOULOS, Dimitris; STEPHENSON, Niamh; TSIANOS, Vassilis. *Escape Routes: Control and Subversion in the 21st Century*. London: Pluto Press, 2008.

PAYNE, Mark. *The Animal Part: Human and Other Animals in the Poetic Imagination*. Chicago: University of Chicago Press, 2010.

POTTER, Will. *Green Is the New Red: An Insider's Account of a Social Movement under Siege*. San Francisco: City Lights Books, 2011.

PRECIADO, Paul B. Pharmaco-pornographic Politics: Towards a New Gender Ecology. *Parallax*, v. 14, p. 105-117, 2008.

PRECIADO, Paul B. *Testo Junkie*. New York: The Feminist Press, 2013.

PUAR, Jasbir K.; RAI, Amit S. Monster, Terrorist, Fag: The War on Terrorism and the Production of Docile Patriots. *Social Text*, n. 72, p. 117-148, 2002.

RAFFLES, Hugh. *Insectopedia*. New York: Pantheon, 2010.

RAMÍREZ, Juan Antonio. *The Beehive Metaphor: From Gaudi to Le Corbusier*. London: Reaktion, 2000.

REIS-CASTRO, Luisa; HENDRICKX, Kim. Winged Promises: Exploring the Discourse on Transgenic Mosquitoes in Brazil. *Technology in Society*, v. 35, p. 118-128, 2013.

ROBERTS, Jonathan. Korle and the Mosquito: Histories and Memories of the Antimalaria Campaign, Accra, 1942-45. *Journal of African History*, v. 51, p. 343-365, 2010.

ROSENBERG, Charles. *The Cholera Years: The United States in 1832, 1949 and 1966*. Chicago: University of Chicago Press, 1962.

RUSSELL, Edmund. *War and Nature: Fighting Humans and Insects with Chemicals from World War I to Silent Spring*. Cambridge: Cambridge University Press, 2001.

SALCIDO, Rachael E. The Rocky Mountain Arsenal National Wildlife Refuge: On a Rocky Road to Creating a Community Asset. *John Marshall Law Review*, v. 47, n. 4, p. 1399-1430, 2014.

SALVATORE, Ricardo. Imperial Mechanics: South America's Hemispheric Integration in the Machine Age. *American Quarterly*, v. 58, n. 3, p. 663-691, 2006.

SEBEOK, Thomas A. *Communication Measures to Bridge Ten Millennia*. Columbus: Battelle Memorial Institute, 1984.

SHUKIN, Nicole. *Animal Capital: Rendering Life in Biopolitical Times*. Minneapolis: University of Minnesota Press, 2009.

SMITH, Olivia. *The Politics of Language*, 1791-1916. Oxford: Clarendon, 1984.

SPIVAK, Gayatri Chakravorty. Pode o subalterno falar? Belo Horizonte, Editora UFMG, 2018.

STINE, Peter. Franz Kafka and Animals. *Contemporary Literature*, v. 22, n. 1, p. 58-80, 1981.

STRATHERN, Marilyn. *Partial Connections*. Lanham: AltaMira Press, 2004.

SULLIVAN, Nikki. The Somatechnics of Perception and the Matter of the Non/human: A Critical Response to the New Materialism. *European Journal of Women's Studies*, v. 19, p. 299-313, 2012.

SUTTER, Paul S. Nature's Agents or Agents of Empire? Entomological Workers and Environmental Change During the Construction of the Panama Canal. *Isis*, v. 98, n. 4, p. 724-754, 2007.

THIERMAN, Stephen. Apparatuses of Animality: Foucault Goes to a Slaughterhouse. *Foucault Studies*, n. 9, p. 89-110, 2010.

TROTSKY, Leon. *Minha vida*. São Paulo, Paz e Terra, 1978.

TURNER, Frederick Jackson. *The Significance of the Frontier in American History*. Madison: University of Wisconsin Press, 1894.

VARLEY, John. *The Persistence of Vision*. New York: The Dial Press, 1978.

VIRNO, Paolo. *A Grammar of the Multitude for an Analysis of Contemporary Forms of Life*. Los Angeles: Semiotexte, 2004.

WADIWEL, Dinesh. *The War against Animals*. Leiden: Brill Rodopi, 2015.

WILDE, Lawrence. 'The Creatures, Too, Must Become Free': Marx and the Animal/Human Distinction. *Capital & Class*, n. 72, p. 37-53, 2000.

WILSON, Alexander. *The Culture of Nature: North American Landscape from Disney to the Exxon Valdez*. Cambridge: Blackwell, 1992.

WRIGHT, Steve. *Storming Heaven: Class Composition and Struggle in Italian Autonomist Marxism*. 2. ed. London: Pluto Press, 2017.

YOMTOV, Nel. *From Termite Den to Office Building*. Ann Arbor: Cherry Lake Publishing, 2014.

Dados Internacionais de Catalogação na Publicação (CIP)
(Câmara Brasileira do Livro, SP, Brasil)

Amir, Fahim
Revoltas animais : pombos, porcos e outros miseráveis na filosofia / Fahim Amir ; tradução Ricardo Perça Cavassane. -- 1. ed. -- São Paulo : CLE-UNICAMP e Igrá Kniga, 2025.

Título original: Schwein und zeit: tiere, politik, revolte.
ISBN 978-65-01-64832-3

1. Animais 2. Animais - Comportamento 3. Filosofia I. Título.

25-298896.0 CDD-100

Índices para catálogo sistemático:

1. Filosofia 100

Aline Graziele Benitez - Bibliotecária - CRB-1/3129